BÜZZ

© 2023, Buzz Editora

Publisher ANDERSON CAVALCANTE
Editora TAMIRES VON ATZINGEN
Assistentes editoriais LETÍCIA SARACINI, PEDRO ARANHA
Revisão CRISTIANE MARUYAMA, LARISSA WOSTOG
Projeto gráfico ESTÚDIO GRIFO
Assistente de design NATHALIA NAVARRO

Nesta edição, respeitou-se o novo Acordo Ortográfico da Língua Portuguesa.

Dados Internacionais de Catalogação na Publicação (CIP)
(Câmara Brasileira do Livro, SP, Brasil)

Lima, Henrique
 Provérbios para empreendedores: 31 lições de sabedoria para uma vida abundante / Henrique Lima
 São Paulo: Buzz Editora, 2023

ISBN 978-65-5393-114-5

1. Bíblia. A.T. Provérbios – Comentários 2. Bíblia. A.T. Provérbios – Crítica e interpretação 3. Empreendedorismo 4. Gestão de negócios I. Título.

23-142828   CDD-658.421

Aline Graziele Benitez, bibliotecária, CRB-1/3129.

Índices para catálogo sistemático:
1. Empreendedorismo: Desenvolvimento pessoal e profissional: Administração 658.421

Todos os direitos reservados à:
Buzz Editora Ltda.
Av. Paulista, 726, mezanino
CEP 01310-100, São Paulo/SP
[55 11] 4171 2317
www.buzzeditora.com.br
@buzzeditora

Henrique Lima

PROVÉRBIOS PARA EMPREENDEDORES

31 lições de sabedoria para uma vida abundante

APRESENTAÇÃO

Acredito que tenha sido em virtude de minha formação jurídica que sempre busquei compreender quais seriam as "leis" espirituais relacionadas ao mundo dos negócios. Certa vez, ouvi um palestrante afirmar que a primeira pergunta que nos fazem quando chegamos ao céu é sobre como nos comportamos nos negócios, pois isso diz muito sobre nosso caráter. Então, se a vida profissional é algo tão importante para Deus, devemos ficar atentos às orientações que existem na Bíblia sobre esse assunto.

A Bíblia é um livro incrível, e contém tudo de que precisamos saber para desfrutar de uma vida plena e abundante. É no Livro de Provérbios, atribuído ao rei Salomão, que encontramos fartura de conselhos e advertências para nossa vida cotidiana. Desde jovem, tenho especial afeição pelos provérbios, e me fascino com o modo como, a cada releitura, conseguimos extrair algo novo, que serve para o momento que estamos vivendo.

Apesar de o Livro de Provérbios ser dividido em 31 capítulos, estes não são homogêneos, pois abordam diferentes temas sob diversos pontos de vista. São centenas de valiosos ensinamentos.

Para esta obra, selecionei 31 provérbios que foram fundamentais em meu desenvolvimento como empreendedor, e que trazem importantes lições para a vida empresarial. Com base no provérbio escolhido para cada capítulo, discorro sobre o assunto, ilustrando com situações de minha própria experiência e de outros empreendedores nas quais vi o provérbio em questão sendo aplicado ou violado, e as respectivas consequências.

Uma demonstração de sabedoria é aprender com as experiências alheias, extraindo lições, colocando em prática o que se mostrou acertado e evitando o que deu errado. A partir de princípios milenares aplicados aos negócios, você terá a oportunidade de refletir e atingir uma nova consciência que poderá transformar a sua maneira de empreender.

Você encontrará, neste livro, um valioso guia para sua jornada profissional, seu negócio e, obviamente, também para sua vida pessoal, com a enorme vantagem de que é a sabedoria inspirada por Deus: uma lâmpada para seus pés e um guia seguro para um ecossistema tão exigente como o do empreendedorismo.

Embarque comigo nesta incrível jornada rumo à vontade do Pai para nossos empreendimentos!

Meu filho, dê atenção à minha sabedoria, incline os ouvidos para perceber o meu discernimento.

Assim você manterá o bom senso, e os seus lábios guardarão o conhecimento.

(PROVÉRBIOS 5:1-2)

Humildade 10
Otimismo 17
Proatividade 22
Sinceridade 28
Pensamentos, crenças e hábitos 32
Agradeça os feedbacks negativos 37
Autodomínio 43
Fale com moderação 49
Lealdade e fidelidade 54
Sabedoria 59
Não inveje os maus 64
Cuidado com as companhias 68
Busque a liberdade financeira 73
Sem preguiça 80
Faça seu melhor que a prosperidade acontece 85
Seja cauteloso 91
Elimine o problema 97
Evite o desperdício 103
Ignore as ofensas 109
Não se deixe enganar 115
Evite brigas desnecessárias 121
Cuidado com os compromissos jurídicos 126
Aprenda com seus erros 130
Sincronize-se com as tecnologias 134
Desenvolva-se na arte da conversação 138
Sintonia de propósito 143
Abra sua mão e atraia prosperidade 148
Prepare-se para o amanhã 153
Não se alegre com a desgraça alheia 158
Reflita sobre seus caminhos 162
Busque a herança certa 167

HUMILDADE

Não fique pensando que você é sábio [...].

(PROVÉRBIOS 3:7)

Não há forma melhor de começar este livro do que falando sobre humildade, pois ela é essencial para crescermos continuamente, tanto no aspecto pessoal como no profissional, extraindo lições nas mais variadas e inusitadas circunstâncias. Entendo a humildade como a característica de, mesmo sendo fortes, não usarmos isso injustamente; mesmo sendo prósperos, jamais ostentarmos ou humilharmos nossos semelhantes; mesmo sendo inteligentes, sabermos nos comunicar e relacionar com diferentes pessoas, colocando-nos sempre na condição de potenciais aprendizes. Observe que o provérbio não diz para não ser sábio, mas para não ficar pensando que é sábio. Você até pode ser dotado de sabedoria, porém, se deixar o orgulho entrar em seu coração e influenciar suas atitudes, se fechará para o aperfeiçoamento.

Pensando na questão das oportunidades que uma postura humilde proporciona, lembro-me de meu primeiro estágio. O primeiro dia de aula na faculdade também foi meu primeiro dia de estágio num pequeno escritório. Lá éramos apenas o proprietário e eu. Então, eu era mais uma espécie de "faz-tudo" do que estagiário, até porque eu realmente não sabia nada acerca do ofício, mas estava disposto a fazer o que fosse necessário para encontrar meu lugar no mundo profissional.

Algumas das minhas atribuições eram passar um pano úmido no chão do escritório todo dia, dar uma limpada nas mesas, recolher os lixos e fazer uma medida de café e outra de chá. Além disso, às sextas-feiras eu limpava o banheiro. Uma vez por mês, uma diarista limpava o escritório, mas a manutenção era por minha conta. Recebia como bolsa de estudo o equivalente a meio salário-mínimo. Apesar de saber que nenhuma dessas tarefas tinha a ver com o estágio específico do meu curso na faculdade, nunca me incomodei em fazê-las, e sempre levava o serviço com bom humor e procurava fazer o meu melhor. A permanência nesse estágio foi crucial para minha vida profissional, pois aprendi sobre organização e método de trabalho, características que eram marcantes no meu coordenador. Recebi críticas positivas dele e, após cerca de um ano, fui convidado para estagiar em outro escritório maior e mais movimentado, onde permaneci até me formar. E a trajetória por esses dois estágios se revelou importantíssima para minha identidade profissional. Não digo que foi o fato de ter limpado o chão no primeiro estágio, por exemplo, que me fez prosperar em minha carreira, mas o estado de espírito que mantive, o meu modo de enxergar e agir nas mais variadas situações que, pouco a pouco, geraram créditos, até que fosse possível eu alcançar o lugar que almejei.

Por outro lado, ao pedir rescisão daquele primeiro estágio, indiquei para o coordenador um colega de faculdade que estava em busca de uma oportunidade. Ele não aguentou mais do que dois meses servindo como faxineiro e copeiro, então acabou saindo do escritório e partiu para outra empresa. Lá, meu colega também não se sentia valorizado e, ao se demitir, estava insatisfeito com a própria condição profissional.

A humildade gera ótimos dividendos não apenas quando estamos começando uma carreira, mas também quando já somos um profissional ou empresário experiente. No início da vida profissional, a humildade facilita a boa vontade das pessoas em nos ensinar. Numa fase mais madura, gera uma espécie de fascínio, porque quando alguém nos admira por nossa competência e surge a oportunidade de nos encontrar pessoalmente, esse profissional se depara com um ser humano humilde e agradável, e logo vira um apaixonado admirador de nosso trabalho.

Certa vez experimentei isso. Na noite de autógrafos do livro de um amigo, conheci um grande escritor brasileiro. Eu já tinha certo apreço por ele e acabei me tornando seu fã, tamanhas eram sua humildade e cortesia. Confesso que cheguei até mesmo a me sentir inadequado quando estive em sua presença devido à sua impressionante fineza.

Mesmo que você não seja aficionado por automóveis, já deve ter ouvido falar na montadora Toyota, a marca automotiva mais valiosa do mundo. O engenheiro Eiji Toyoda, que morreu em 2013 aos cem anos de idade, liderou o período mais importante de crescimento da montadora japonesa. Em 1950, com a companhia já estabelecida, ele teve a humildade de passar uma temporada em uma fábrica da Ford na condição de aluno, com o intuito de observar o modelo de produção da concorrente. A partir dessa experiência, ao mesmo tempo em que reconheceu a qualidade dos carros fabricados pela Ford, Toyoda levou para a cultura da empresa a concepção de que sempre existe algo a ser melhorado, tomando como base a filosofia *kaizen*, que prega o aperfeiçoamento contínuo. Apesar dos carros sofisticados da Toyota, o engenheiro ficou mais conhecido por sua simplicidade, característica importante de quem sabe assumir suas responsabilidades sem arrogância, prepotência, vaidade ou soberba.

Para um empreendedor, a humildade é uma opção incrivelmente poderosa, independentemente do tamanho do seu empreendimento. Essa qualidade é uma força propulsora da liderança, e pode ser a porta de entrada para outros atributos importantes, como a empatia, a autenticidade e a integridade.

O livro *Good to Great: Empresas feitas para vencer*, considerado um dos livros de negócios mais importantes de todos os tempos pela revista *Time*, enfatiza a humildade como uma das características universais capazes de levar uma empresa a se tornar excelente. Jim Collins, autor da obra, palestrante e consultor norte-americano, examinou minuciosamente as organizações que triunfaram economicamente e concluiu que as empresas vitoriosas possuíam líderes humildes, o que ele chamou de líder de nível cinco. Em seu livro, Collins explica que líderes de nível cinco direcionam seu ego para longe de si mesmos, pois preferem canalizar sua energia a um objetivo maior: o sucesso da companhia. Um exemplo de líder humilde reconhecido por Collins é o empresário David Packard, cofundador da Hewlett-Packard, ou simplesmente HP, fabricante de produtos de informática. Packard ficou conhecido como homem do povo, pois costumava andar pelos corredores de sua empresa e praticar uma gestão próxima e acessível a todos os membros de sua equipe. Mais tarde, esse tipo de gestão passou a ser denominada *Management by Walking Around* (Gestão andando por aí). Packard evitava a publicidade excessiva de seu cargo, tanto que sua frase mais famosa é: "Você não deve se gabar de nada que tenha feito; você deve ir em frente e encontrar algo melhor para fazer".

Algo comum entre empreendedores humildes e bem-sucedidos é a autocrítica consciente, ou seja, a autoconfiança nas próprias habilidades, juntamente com uma boa dose de autoavaliação a respeito de suas limitações. Ser ciente das próprias qualidades não é um problema: ao contrário, na medida certa, resulta em autoconfiança. Uma pessoa inteligente não precisa fingir ser menos do que é, pois seria hipocrisia. A verdadeira humildade não exclui o reconhecimento dos próprios dons e talentos. O que a lição do provérbio que direciona este capítulo alerta é para a necessidade de se precaver da altivez, da arrogância, da presunção, do orgulho e da vaidade. A autoconfiança é importante, mas o perigo reside em superestimar os pontos fortes sem atribuir importância a outros fatores de uma carreira de sucesso, como a ajuda de terceiros ou, inclusive, a própria sorte. O empreendedor humilde sabe que as suas vitórias são o resultado de uma atividade compartilhada, e busca, sempre que possível, dividir o mérito com outras pessoas. Apesar disso, tome cuidado para não confundir atitude humilde com servidão e subserviência. Você não precisa se comportar como inferior, e sim se relacionar com os demais a partir de sua verdadeira essência, sem se basear naquilo que possui circunstancialmente (bens materiais ou um cargo de chefia, por exemplo).

Conta a história grega que uma pergunta feita ao Oráculo de Delfos marcou a filosofia ocidental. O templo de Delfos foi construído em homenagem ao deus Apolo sobre uma fenda que emanava vapores do solo. Esses gases causavam um transe na sacerdotisa, fazendo-a revelar suas profecias. Na entrada do templo, estava escrita a seguinte frase: "Conhece-te a ti mesmo". Discípulo de Sócrates, Querofonte procurou o oráculo a fim de perguntar quem seria a pessoa mais sábia da época, e ouviu como resposta o nome de seu mestre. Ao tomar conhecimento desse fato, Sócrates concluiu que ele era o mais sábio não por saber mais, e sim por saber que nada sabia. Daí surgiu o dizer muito conhecido: "Só sei que nada sei", por vezes chamado de paradoxo socrático. A frase exprime que é sábio conhecer a dimensão da própria ignorância e reconhece que quanto mais aprendemos, mais temos a descobrir.

Antes de concluir, convém observar que a humildade interior é certamente a mais importante, mas o exterior precisa, sempre que possível, se apresentar na mesma sintonia. Nesse sentido, roupas, acessórios, modo de falar, de andar, de olhar, tudo isso tem o poder de transmitir mensagens, ainda que inconscientemente. Na Halachá, livro sagrado que contém os preceitos judaicos e os guias morais e de conduta dos fiéis, há uma passagem sobre a questão do cuidado com as roupas e com a forma de caminhar:

> *É proibido andar ereto, de pescoço erguido* [...]. A pessoa também não deve curvar-se demais. O correto é baixar a cabeça levemente, de modo a perceber o que vem à frente e enxergar onde está pisando. Segundo a maneira que o indivíduo caminha, percebe-se se ele é sábio ou tolo. (Halachá 3:7)

Certa época, convivi com uma pessoa que ocupava um importante cargo de liderança em uma entidade de representação de classe e resolveu se candidatar a um cargo eletivo. Apesar de seu bom desempenho, oratória e condição financeira, perdeu o pleito. Uma das possíveis causas seria a sua postura arrogante denunciada pelos concorrentes. Alguns dias depois do resultado, quando estávamos refletindo sobre a razão do fracasso, ele confidenciou sofrer de uma condição na garganta que o impedia de respirar corretamente. Por isso, quando falava, precisava levantar o queixo, para melhorar o fluxo de ar. Ao se expor ao debate público, o gesto acabou erroneamente interpretado como sinal de arrogância.

A humildade, portanto, consiste em, mesmo consciente das próprias qualidades, estarmos atentos a aprender com todos e em qualquer situação. Agindo dessa forma, possibilitamos um contínuo crescimento pessoal e profissional, além de mantermos aberto o caminho para oportunidades decisivas.

OTIMISMO

Todos os dias são difíceis para os que estão aflitos, mas a vida é sempre agradável para as pessoas que têm coração alegre.

(PROVÉRBIOS 15:15)

Nosso estado de espírito tem o poder de alterar a forma como percebemos a realidade na qual estamos inseridos. Ele não muda a realidade física do que está acontecendo, mas a maneira como interpretamos o nosso redor. Se estamos amargurados e pesarosos, tudo parece negativo e fadado ao fracasso ou, pelo menos, a obstáculos difíceis de superar. Se estamos bem e confiantes, vemos oportunidades onde os outros não as enxergam. É aquela clássica experiência de colocar pessoas num ambiente e pedir para que cada uma descreva o que está vendo.

A sabedoria dos provérbios já apregoava essa verdade há milênios e isso precisa ser um alerta para cuidarmos da saúde da mente, pois a vida será mais leve ou mais pesada conforme nosso modo de enxergar o mundo. Por isso, é importante ter atenção àquilo que lemos, assistimos e até com quem nos relacionamos.

Atendi alguns clientes que relatavam quão tóxicos eram seus gestores, porque estes enraizaram em sua personalidade o hábito de criticar negativamente quase tudo que seus colaboradores faziam. Se o trabalho estivesse perfeito, os gestores não falavam nada, então nunca elogiavam e estavam sempre insatisfeitos. Pessoas pessimistas gostam de dizer que estão apenas sendo práticas, que estão se antecipando aos problemas. Como consequência disso, geralmente procrastinam a tomada de decisões e, quando o fazem, nem sempre acertam. Então, além de errarem na forma, também erram no *timing*. Líderes, gestores e empreendedores negativos sugam a energia das pessoas ao redor de forma que até colaboradores motivados, alegres e cheios de boa vontade depois de algum tempo ficam desanimados, acuados, permanecendo no emprego mais por necessidade do que por paixão. Afinal, independentemente do esforço, não são valorizados, muito menos elogiados, e quase sempre haverá críticas disfarçadas de possibilidades de melhoria.

Para pessoas que só enxergam o lado ruim das situações, quando algo dá errado é como se fosse uma recompensa, o famoso "eu avisei". Elas não entendem que problemas simplesmente acontecem e fazem parte da vida. Os pessimistas, mesmo quando tudo está bem, não conseguem desfrutar, pois vivem inseguros. Fuja de pessoas assim.

Se a convivência com alguém pessimista for inevitável, esforce-se para não ser influenciado nem deixar morrer a chama do entusiasmo. Tenha muito claro em sua mente que você faz e entrega o melhor, antes de tudo, por você mesmo, por respeito a sua história, por acreditar em seus sonhos e por seu crescimento pessoal. Ao trabalhar com excelência, sendo sua competência reconhecida ou não, você estará construindo um caminho para boas conquistas e realizações em sua vida.

Felizmente tive a satisfação de conviver por alguns anos com um profissional otimista, que estava sempre de bem com a vida. Era contagiante. Lembro-me de termos passado por momentos bastante complicados, principalmente no aspecto financeiro, e ele seguia sempre confiante de que tudo daria certo, com a convicção de que os problemas eram passageiros e logo estaríamos bem. Aquele bom ânimo anestesiava as dificuldades ao redor e fazia com que passássemos mais facilmente pelos momentos difíceis. Os problemas existiam de fato, mas a convicção de que logo deixariam de existir ativava em nós o sentimento da esperança, fazendo-nos suportar qualquer adversidade. Além disso, como estávamos motivados, essa empolgação resultava em uma vontade ainda maior de resolver as dificuldades, porque se os problemas são passageiros, dá para acabar o quanto antes com eles.

    O estado de espírito positivo instigava em nós a pulsão de enfrentar as dificuldades, e isso, de fato, nos fazia vencê-las. Ora, talvez a turma do pessimista também conseguisse superar os mesmos problemas que enfrentamos, mas será que teriam a mesma energia, alegria e, o que é o melhor, a mesma paz de espírito necessária para extrair as lições que cada batalha proporciona? Creio que não.

    Uma boa percepção da realidade é imprescindível para a segurança e a sustentabilidade de qualquer empreendimento, contudo ela pode ser emoldurada com flores ou com espinhos, a escolha é sua.

PROATIVIDADE

> *Preguiçoso, aprenda uma lição com as formigas! Elas não têm líder, nem chefe, nem governador, mas guardam comida no verão, preparando-se para o inverno.*
>
> **(PROVÉRBIOS 6:6-8)**

Não sei em qual estágio do empreendedorismo você está, mas seja ele qual for, entenda que a proatividade não apenas é desejada, como é necessária. Se está planejando empreender, a proatividade é o que vai impulsionar você a sair da teoria e partir para a prática. Se já colocou a mão na massa, mas está começando e ainda não alcançou um lugar de destaque, a proatividade é questão de sobrevivência. Caso você já seja relevante naquilo em que empreende, não poderá abrir mão da proatividade, pois é com ela que você se torna responsável não só por você e sua família, mas também pelas pessoas que dependem de seu empreendimento.

A proatividade é um dos requisitos do empreendedor, pois ele não terá um patrão, um supervisor ou outro gestor delegando as obrigações do trabalho. Costumo dizer em minha empresa que nosso patrão é o cliente, contudo esse patrão não fica dando feedbacks o tempo todo nem nos dizendo como agir, salvo raras e abençoadas exceções. Por isso, deve ser grande a sensibilidade do empreendedor em captar como seus consumidores avaliam seu negócio e estar continuamente pronto para agir.

Até mesmo no mundo corporativo essa característica é valorizada. Além de capacidades técnicas, recrutadores e gestores passaram a priorizar as habilidades comportamentais na hora de realizar contratações. Dentre elas, a proatividade é uma das qualidades a ocupar a primeira posição na lista de atributos desejados em um bom candidato, e isso faz muito sentido. Uma pessoa proativa não espera que as demais tomem decisões por ela, pois age por conta própria em busca de uma melhoria contínua. Vai a campos operacionais e acredita constantemente em novas oportunidades. Em outras palavras, os proativos não ficam sentados, esperando acontecer. Assim como as formigas, que se preparam para o inverno, eles têm sua mente voltada para os resultados e preferem se antecipar nas soluções.

Alguns pesquisadores norte-americanos que estudaram a personalidade proativa chegaram a associar esse tipo de comportamento aos estímulos e às mudanças ambientais, enquanto estudiosos europeus creditam sua origem na capacidade de superar obstáculos e de prever situações.

É fácil notar a diferença entre uma empresa reativa e outra proativa. Enquanto a companhia proativa se antecipa às mudanças, a reativa se vê forçada a reagir aos acontecimentos do mercado, e para os negócios nada pode ser pior do que tomar uma atitude somente quando a situação exige. Empreendedores não devem permanecer parados, esperando algo acontecer. O ideal é agir para moldar o destino do negócio, contribuir para as mudanças e ampliar as chances de sucesso para todos. É sobre isso que trata o provérbio ao citar as formigas que se preparam para o inverno.

Desde muito jovem, eu tinha alguns objetivos em minha vida, mas, acredito, não eram nada muito diferentes dos da maioria das pessoas. Queria ter uma boa condição financeira, que me proporcionasse ter um bom negócio, uma boa casa, um bom carro, conforto para minha família, viajar, algum patrimônio; nada de muito distinto do que costumamos escutar. Confesso que não tinha planos concretos para alcançar tudo isso, porque nunca aprendi a fazer, nem me foram exigidos, os tais planejamentos estratégicos, com metas a curto, médio e longo prazos. Onde, como e quando conquistaria essas coisas, eu não fazia ideia, apenas queria muito e nunca tive medo de me arriscar, de novos desafios e de trabalhar. Até brinco com meu sócio que eu invento dez projetos e a sensação é que apenas um ou dois dão certo, mas o que dá certo acaba compensando todos os outros. As novas ideias surgem constantemente e gosto de experimentá-las.

No começo de minha carreira algo que sabia que precisava, obviamente, era de clientes. Sem eles, de nada adiantaria pensar em softwares de gestão, organograma, missão, valores, planejamento ou tarefas do gênero. Tendo clientes e entregando o resultado prometido, esses outros aspectos podem vir depois como meio de organizar a empresa e permitir um crescimento sustentável dela. Diante dessa certeza da necessidade de clientes, isto é, de contratos assinados, nunca precisei de pessoas, gestores, conselheiros, gurus ou coaches dizendo que eu precisaria trabalhar muito e me esforçar mais do que apenas as tradicionais oito horas por dia. Bem longe disso. Chegava por volta das 7h15 para trabalhar e ia embora por volta das 20h. Trabalhava de sábado até as 15h e às vezes trabalhava aos domingos. Hoje, contudo, sob a bandeira da tal da qualidade de vida, se falarmos para um jovem aspirante a empreendedor que precisará fazer isso, talvez ele possa achar exagero e dizer que não vale a pena se sacrificar tanto. Outros, porém, entenderão que não há outro caminho senão a iniciativa própria e o esforço permanente.

Na época em que nem carro eu tinha, mas sabia ser algo bastante importante para conseguir visitar potenciais clientes e tentar fechar contratos, fiz uma parceria com um vizinho meu que era funcionário público e tinha carro. Aos finais de semana ele me levava aos locais e, se eu fechasse um contrato, ele ganhava algo. Ora, eu poderia ter me lamentado pela situação e ficado em casa aos finais de semana esperando o dia em que conseguisse finalmente comprar um carro para só então começar a buscar clientes nesses dias. Mas não me acomodei e ninguém precisou me dar um empurrão, porque eu fui lá e tentei, como também experimentei diversas outras coisas, algumas com êxito, outras não, mas mesmo assim sempre restava a experiência. Não espere que alguém lhe diga o que fazer. Se você tem uma ideia, vá e realize. A frase que mais ouvi do meu superior no meu primeiro estágio foi: "Como você vai fazer? Não sei. Problema seu. Vai lá e resolve". Aprendi muito com isso. Resumindo, te vira, dá seus pulos ou "entregue a mensagem a Garcia, faça o que for preciso, mas entregue". Alguns entenderão a referência.

Agora que já falei o suficiente sobre a importância da proatividade, preciso fazer um alerta: essa característica deve, sempre, caminhar junto com o bom senso ou, como se diz popularmente, com o desconfiômetro. Em qualquer ambiente de trabalho é necessário ter sensibilidade para perceber os limites, principalmente pensando que em algumas empresas as atribuições são completamente delineadas e qualquer extrapolação implica invadir a competência de outro colega. Isso tanto pode ser bom para mostrar sua capacidade e despertar a atenção sobre si, como prejudicial. Enquanto a proatividade é vista como qualidade em alguns ambientes, em outros pode ser rejeitada. Portanto, é importante analisar os diferentes cenários e identificar o tempo, o local e o modo de agir mais adequados.

Apesar dessa ressalva, na grande maioria das vezes a proatividade é celebrada, pois bons líderes e gestores sabem como distinguir o profissional inconveniente daquele que verdadeiramente busca o aperfeiçoamento e o crescimento. Certa vez, presenciei uma situação em que o novo membro de uma associação se mostrava exageradamente proativo, mas o líder confidenciou que preferia colocar camisa de força em louco do que fazer burro andar. Ou seja, esse líder valorizava o perfil de quem, espontaneamente, agia, ainda que precisasse ser chamado atenção quanto aos limites.

Antes de finalizar este capítulo, um alento para quem não se enxerga proativo. Após analisar muitas pessoas, considero que a proatividade é uma característica que sofre certa flutuação, no sentido de às vezes estar presente, outras vezes, não. Então, quando ausente, precisa ser estimulada ou resgatada, porque o impulso para a ação costuma ter relação com a questão do interesse. Um jovem pode não ter iniciativa própria para organizar a sua agenda de estudos, mas demonstra muita proatividade ao participar de esportes ou jogar videogame. Por essa razão, experts em carreiras costumam dizer que a fórmula para o sucesso profissional é fazer algo prazeroso para você, sempre que possível. Não são incomuns os relatos de quem abriu o próprio negócio depois de ser demitido e fez o maior sucesso como empreendedor em sua área de preferência.

Meu pai tinha o costume de me chamar de preguiçoso e dizer que eu não seria ninguém na vida, porque ele me chamava para ajudar nos reparos mecânicos de carros que iria revender e aquilo em nada me atraía; eu gostava mesmo era de ficar no meu quarto lendo e ouvindo música. Pensando nisso, cursei a faculdade de direito, que me permitiu uma boa condição de vida e se uniu ao meu hobby de ler e escrever sobre os mais variados assuntos. Portanto, não se deixe abalar se já recebeu opiniões negativas sobre sua vida e forma de agir. Todos querem ter uma vida boa, feliz e ganhar dinheiro fazendo algo de bom e útil para a sociedade, e você certamente está incluído nisso, então talvez você apenas não tenha encontrado aquilo que te despertará, te deixará cheio de entusiasmo e disposto a enfrentar qualquer batalha para defender e realizar seus sonhos. Dedique o tempo que for necessário para descobrir qual é o seu propósito, pois quando o encontrar, não irá precisar de ninguém te cobrando sobre o que deve ou não fazer. Peço, contudo: seja proativo em descobrir seu ideal. Quando o encontrar, ele mesmo cuidará de te tornar proativo para tudo o mais que precisar ser feito.

SINCERIDADE

> *Quem é honesto trata todos com sinceridade [...].*
>
> **(PROVÉRBIOS 12:5)**

A sinceridade constrói relações fortes e prolongadas tanto na vida pessoal como na profissional. No mundo empresarial essa postura gera ganhos mútuos e contínuos, pois todos gostam de fazer negócios e de se relacionar com profissionais com os quais se sentem seguros por saberem que agirão honestamente. Essa virtude está relacionada a outra característica também abordada neste livro: a confiança que surge do outro para com você a partir da sinceridade mútua.

Sinceridade significa agir de modo transparente, sem subterfúgios, sem rodeios, sem obscuridade. É dizer claramente a verdade. Isso não significa que você deva sair por aí contando todos os segredos comerciais de seu negócio, mas em uma negociação é preciso ser franco. O limite entre a franqueza a qualquer preço e a honestidade está na prática da boa-fé e da lealdade, que, inclusive, são princípios jurídicos do direito contratual. O sincero conversa abertamente, sem desviar do assunto ou usar truques. Com ele, é possível realizar negócios, parcerias e sociedades, pois não haverá surpresas. Sinceridade, portanto, nada tem a ver com ser pouco político, ríspido ou muito menos ingênuo, é sobre ser autêntico.

Durante um breve período, firmei parceria comercial com um empreendedor que era o oposto de sincero. A sensação que eu tinha era de ele estar sempre escondendo algo, então nossa convivência profissional foi curta. Inicialmente, o homem me causou uma ótima impressão, especialmente por sua capacidade técnica, porém, ao atendermos um importante cliente juntos, pude acompanhar como ele ocultava informações de todos os profissionais envolvidos, inclusive de nosso cliente, para sempre tentar firmar um contrato que fosse vantajoso para si próprio. Apesar de a parceria trazer um bom ganho financeiro, fiquei receoso, pois as mesmas formas de demonstração de empatia que o empreendedor usava naquelas visitas ao cliente ele usava comigo. Lembro-me de que o homem insistia em dizer que só o que queria era o melhor para todos e, pasmem, chegava a lacrimejar em alguns momentos. Um verdadeiro ator. A forma como ele tratou um cliente em específico me marcou de tal maneira a ponto de eu não conseguir mais trabalhar em parceria com a empresa, tanto porque passei a não confiar plenamente nele, quanto porque sempre tive por princípio entregar o melhor para meus clientes. Para mim, é questão de honrar a confiança que me foi depositada.

Diante de quem não é sincero, mesmo que inconscientemente, sentimos um sinal de alerta nos avisando para não criar vínculos e nem levar em conta o que essa pessoa diz. Por tudo isso, a sinceridade funciona como combustível para o sucesso nos empreendimentos. Essa conclusão tem como base um estudo neurocientífico descrito no livro *O jeito Harvard de ser feliz*. Segundo o autor Shawn Achor, um dos palestrantes mais famosos da atualidade na área da psicologia positiva, as conexões sociais sinceras aumentam a produtividade e, inclusive, a felicidade dentro das empresas.

Se você é um jovem empreendedor, eu o aconselho a desde hoje ter atitudes coerentes com o que sonha ser amanhã para não construir relações e negócios baseados na desonestidade e no ganho a qualquer custo. Não acredite que é preciso fazer algumas coisas erradas só para alcançar sucesso e que, depois que estiver bem financeiramente, você passará a ser sincero nos negócios. Escolha desde agora agir francamente. Isso não representa, de modo algum, se comportar e falar de forma a não dar importância ao efeito das próprias atitudes e palavras, porque isso não é ser sincero, é imprudência. Lembre-se: as palavras podem motivar ou destruir as pessoas, mesmo que essa não seja sua intenção.

Todos os empreendimentos necessitam ser sinceros para conquistar e manter a confiança de seus usuários e clientes a longo prazo. O jogo limpo, com regras claras, é mais prontamente aceito pelo consumidor e prolonga o sucesso dos negócios. Há um ganha-ganha na relação de transparência. Quem faz uso de meias-verdades corre o risco de manchar a própria reputação.

Lembre-se da frase do protestante francês Jacques Abbadie: "Você pode enganar uma pessoa por muito tempo; algumas por algum tempo; mas não consegue enganar todas por todo o tempo". Assim, seja sincero quanto a seus posicionamentos e impressões, e desenvolva a arte de se comunicar. Ao se envolver numa negociação, reflita sobre os pontos que obrigatoriamente você precisa esclarecer e, também, quais seriam interessantes abordar. Se há aspectos que não pode revelar, explique a razão e deixe que o outro lado decida se continuará nas tratativas ou não. Melhor perder algum dinheiro ou uma oportunidade de lucro do que receber o rótulo de desonesto.

PENSAMENTOS, CRENÇAS E HÁBITOS

Sobre tudo o que se deve guardar, guarda o teu coração, porque dele procedem as fontes da vida.

(PROVÉRBIOS 4:23)

Apesar de esse provérbio ser bastante conhecido, algumas pessoas não têm a exata compreensão de seu significado. Por isso, considero que a versão bíblica da Nova Tradução na Linguagem de Hoje seja a melhor: "Tenha cuidado com o que você pensa, pois a sua vida é dirigida pelos seus pensamentos" (Provérbios 4:23). A palavra hebraica *leb*, traduzida costumeiramente como "coração", também significa "mente, ser interior, vontade, inteligência e consciência". Em outras palavras, aquilo que há em nossa interioridade influencia nossa vida.

Neste livro, também falamos sobre otimismo e outros aspectos do interior do ser humano, contudo, neste capítulo, quero ser mais abrangente. Nossa vida costuma ser resultado de nossos hábitos, que, por sua vez, são a repetição de nossas ações, que, antes, foram originadas em nossos pensamentos. Por isso, devemos ter grande cuidado com o eu interior, pois os pensamentos que não estão em conformidade com os valores que escolhemos para nossa vida precisam ser bloqueados, impedidos de se transformarem em crença. O que acreditamos pode nos levar às mais gloriosas vitórias ou às mais terríveis derrotas.

Publiquei um livro chamado *Deus deseja sua prosperidade: Pensamentos, atitudes e resultados*, em que abordo a importância de cultivar os valores que acreditamos. Por exemplo, algumas pessoas dizem querer prosperar, contudo, analisando profundamente suas crenças acerca de determinados aspectos do dinheiro, é fácil detectar bloqueios internos que as impedirão de obter riquezas. Enquanto a forma de pensar não é reprogramada, o subconsciente simplesmente não adquire os hábitos necessários para se ter uma vida abundante financeiramente, porque haverá uma espécie de autossabotagem. Nunca prosperará aquele que vê fotos de uma grande mansão numa rede social e pensa que de nada adianta uma casa enorme sem uma família feliz. Pelo contrário, deve-se olhar e pressupor que a dita mansão também abriga uma família feliz e, em seu coração, parabenizar quem conseguiu adquirir tamanha propriedade e repetir para si próprio: "Se ele conseguiu, eu também conseguirei". E trabalhar para isso.

Durante uma época de minha vida, fiz um trabalho voluntário numa comunidade, aconselhando profissionalmente pessoas que estavam tentando empreender ou que simplesmente queriam melhorar na carreira. Lembro-me de um jovem que trabalhava com seguros e queria muito ficar rico. Então, depois de deixá-lo falar à vontade por algum tempo, fiz algumas perguntas, e certas descobertas me chamaram atenção:

– Você conhece alguém que considera rico?

– Que eu seja amigo e tenha relacionamento, não. Mas atendo alguns clientes que são bastante ricos.

– O que você acha deles?

– Sinceramente, são uns babacas. Vivem reclamando de mão cheia. Talvez por isso eu não tenha amigo rico, são arrogantes.

– Por que você quer um dia ser rico?

– Sou apaixonado por carros. Gostaria de morar numa grande casa, viajar pelo mundo, ter apartamento na praia e esses tipos de coisas.

– E a vida deles, o que você pensa sobre a vida pessoal deles? Sobre as famílias que têm?
– Pois é, as famílias não são nada boas. Acho que são infelizes e até depressivos. Se escondem no trabalho.

Então, caro leitor ou leitora, o que você pensa sobre essas respostas e sobre a maneira como esse jovem enxergava os ricos? Fiquei espantado e disse para ele que, se não mudasse as crenças que tinha sobre os ricos, jamais se tornaria um, pois ainda que dissesse querer ter abundância financeira, a poderosa energia de sua mente trabalharia contra. Expliquei que realmente existem ricos babacas, arrogantes, murmuradores, infelizes etc., porém há pobres com os mesmos defeitos. Além disso, garanti para o rapaz que ricos assim são uma minoria, pois de modo geral são espirituosos, caridosos, trabalhadores e de bem com a vida. Não sei se tais qualidades os fizeram prosperar ou se foi a prosperidade que os fez assim, mas essas características podem ser encontradas em pessoas de diferentes condições financeiras. Afirmei, ainda, que o dinheiro apenas potencializa aquilo que já está dentro das pessoas. Os recursos financeiros dão oportunidades para mostrar quem são, e o jovem, por infelicidade, não conheceu bons exemplos. Isso pode ter acontecido talvez porque o rapaz só tinha contato com pessoas abastadas em situações de investigação de sinistro,* quando é fácil que elas tenham um comportamento defensivo.

Apesar de crer nas verdades bíblicas e na realidade espiritual, sou bastante racional quanto à forma como as coisas acontecem no plano material. Não acredito que pensamentos positivos por si só atrairão prosperidade. Por outro lado, creio que pensamentos positivos resultam em atitudes corretas, e essas sim poderão

---

* Investigação de sinistro consiste no processo em que a seguradora analisa se vai ou não pagar a apólice quando ocorre um acidente (sinistro).

conduzir à prosperidade. Ficar deitado no sofá, mentalizando, sonhando e desejando muito um carro esportivo não dará o fruto almejado. Porém, ter um propósito bem definido e trabalhar com inteligência, determinação e persistência para realizá-lo, sim. A Bíblia está repleta de situações em que as coisas só aconteceram porque a fé, o desejo e a promessa estavam acompanhados de forte empenho, coragem e determinação.

Cuide do seu interior – chame-o como preferir, de coração, mente, subconsciente etc. –, pois cedo ou tarde isso refletirá em suas atitudes, se transformará em hábitos e então construirá a realidade de sua existência. Logo no início do Livro de Provérbios Deus diz: "Eu darei bons conselhos" (Pv 1:23), então adote-O como seu conselheiro, mentor e amigo. Tenha frequentemente um tempo de qualidade a sós com Ele. Faça um balanço daquilo que há dentro de seu coração e seja sincero. Deus torce por você e tem todo o interesse em vê-lo utilizando o máximo de seu potencial por meio dos dons e talentos com os quais você foi presenteado ao vir para este mundo.

AGRADEÇA OS FEEDBACKS NEGATIVOS

Toda pessoa que deseja o conhecimento ama a disciplina; mas aquele que odeia a repreensão não tem juízo.

(PROVÉRBIOS 12:1)

Desconheço algum empreendedor de sucesso que não tenha cometido erros. As adversidades são comuns na vida de qualquer um que tenha ousado fazer algo, especialmente se for um projeto inovador ou grandioso. Mesmo que a sensação inicial seja de fracasso, os erros devem ser encarados como valiosas fontes de ensinamento, seja por indicarem que um caminho precisa ser corrigido ou fortalecido, seja para termos conhecimento de nossas limitações e assim descobrirmos onde devemos melhorar. Para apreciar verdadeiramente a aquisição de sabedoria e almejar o crescimento, faz-se necessário reconhecer que não possuímos todo o saber do mundo. Sempre há o que aprender e aperfeiçoar.

A consequência natural de errar é a crítica. Por isso, todo empreendedor precisa receber avaliações negativas de clientes ou de parceiros como oportunidades de aprimoramento. Precisamos estar abertos a ouvir reclamações e sugestões, pois os elogios, embora bem-vindos, não acrescentam nada de novo. As pesquisas de satisfação ajudam a melhorar os serviços e produtos de uma empresa e servem como insights para compreender quais caminhos podem trazer mais resultados e como satisfazer aos anseios dos clientes. Sem que exista alguém disposto a nos apontar falhas, corremos o risco de permanecer no erro. O escritor

Steve Sims, renomado especialista em desenvolvimento pessoal, diz o seguinte em seu livro *Bluefishing: The Art of Making Things Happen*: "As pessoas não se afogam ao cair na água, elas se afogam por permanecerem lá". Em outras palavras, errar é humano, mas é importante tirar lições úteis de nossas falhas para progredir.

Não se deixe contaminar por raiva, rancor ou outras emoções ruins ao receber uma avaliação negativa de seu negócio, produto ou serviço. Procure estar aberto, escutar o que é dito e refletir. Traçando um paralelo com a família, os pais costumam corrigir os filhos e, também, fazer elogios, porque a intenção é que eles se tornem adultos responsáveis e felizes. Nos negócios, o objetivo é o mesmo. Por isso, o feedback nunca deve ser deixado de lado. Naturalmente, você pode ter o seu ponto de vista sobre a situação e, talvez, sua visão seja diferente, mas é preciso analisar os comentários do feedback em vez de ficar arranjando desculpas ou assumir uma postura defensiva. Procure ouvir a crítica com o coração e a mente abertos, buscando compreender o que está sendo dito. A correção não é um castigo, e sim um gesto de amor. Portanto, a lição desse provérbio é sobre ter humildade para reconhecer não ser perfeito e possuir vontade de melhorar.

Nas amizades não é diferente. Os verdadeiros amigos são aqueles que se arriscam em mostrar onde erramos. Os falsos, pelo contrário, percebem e ficam em silêncio numa consciente ou inconsciente torcida para que tudo dê errado, ou, pior ainda, chegam até a apontar o equívoco, mas para outras pessoas, praticando a maledicência. No ambiente profissional é ainda mais difícil colegas com a nobreza de caráter de apontar as falhas. O mais fácil é deixar os erros se repetirem até seu trabalho se desgastar e assim surgir espaço para os oportunistas. Há um ditado judaico que diz: "É melhor o tapa de um esperto do que o beijo de um bobo". Numa relação de emprego, em que a competitividade é intrínseca e todos legitimamente buscam os melhores cargos, é especialmente raro quem dedique tempo e energia para ajudar aquele que está indo pelo caminho errado. Por isso, agradeça quando apontarem onde você está falhando. Tenha-o por um amigo, tão precioso quanto um tesouro.

Certa vez levei uma reprimenda bastante constrangedora, mas da qual extraí uma grande lição. O presidente de uma entidade que eu participava tomou uma decisão que, a meu ver, era bastante arbitrária e insensível com os interesses dos envolvidos. Fiquei indignado e fiz uma espécie de "manifesto", tecendo severas críticas até mesmo em tom jocoso e sarcástico. Quando terminei de escrever a sensação foi muito boa, um desabafo. Porém, hoje reconheço que peguei pesado e ataquei não apenas os fundamentos da decisão, mas até mesmo a pessoa do presidente da empresa. Tolamente, publiquei o texto. Eu tinha menos de trinta anos de idade, meu chefe, mais de sessenta. Provavelmente foram sua experiência e vivência em contraste com meu ímpeto de combatividade e inexperiência que o fizeram ter a nobreza de espírito de me convidar para um café em sua sala. Chegando lá, ele tinha sobre sua mesa um papel impresso com o meu desabafo. O presidente calmamente disse que eu havia extrapolado o direito de criticar a decisão e o havia atacado sem necessidade, mas que daria a chance de me retratar. Também me alertou acerca das consequências jurídicas que eu poderia sofrer, como expulsão e pagamento de indenização.

Reconheci meu erro, retratei-me e, a partir daquele momento, além de admirar aquele ser humano, passei a ser bastante cuidadoso em separar a autoridade por trás de qualquer decisão tomada das próprias razões adotadas. Por mais que eu fique absolutamente indignado em determinadas situações, a lição foi bastante profunda para eu sempre me lembrar de ser respeitoso e nunca partir para o lado pessoal.

Em resumo, seja grato quando alguém apontar falhas naquilo que você faz. Reconhecer erros e insuficiências não irá te diminuir, ao contrário, irá engrandecê-lo. Por isso, nunca leve para o lado pessoal. Lembre-se de que as correções fazem parte da vida de todos e utilize-as como ferramenta para seu próprio aprimoramento. Não fuja de seus erros, não arranje desculpas, não transfira aquilo que é sua responsabilidade, nem pense que você é perfeito, pois erros acontecem e a forma como você lida com eles é que demonstra o nível de seu profissionalismo. Aceitar que temos falhas mostra que somos fortes e humildes para compreender que estamos em constante construção. Bill Taylor, cofundador da revista *Fast Company*, especializada em mídia de negócios, defendeu em um artigo na *Harvard Business Review* a seguinte tese: "Se você não está preparado para falhar, não está preparado para aprender".

AUTODOMÍNIO

Quando você for jantar com alguém importante, não esqueça quem ele é. Se você é guloso, controle-se.

(PROVÉRBIOS 23:1-2)

Domínio próprio é a capacidade de controlar sentimentos, desejos, impulsos, emoções e reações. Quando uma pessoa sente raiva, medo ou experimenta qualquer outro sentimento negativo, é através do autocontrole que consegue agir de forma comedida, evitando fazer coisas das quais se arrependeria depois. O provérbio cita, como exemplo, a gula, mas o princípio que deseja transmitir é o controle dos impulsos, seja por comida, bebida, dinheiro, fofoca, falar demais a respeito de si mesmo e, por que não, por repreender pessoas em público. É importante ficar atento aos próprios comportamentos e também aos gestos de colegas, subordinados e líderes.

Conheci um empreendedor que a todo momento queria extrair o máximo de cada situação, não que querer ganhar seja ruim, pelo contrário, é muito bom, mas, como em tudo, é preciso ter limites. Nos jogos recreativos, era o mais ousado; mas assim como ganhava muito, igualmente perdia. De seus subordinados, procurava arrancar cada sopro de energia. Quando negociava, levava até o limite ou além. Em certa ocasião, relatou que sentia a necessidade de controlar esse impulso, pois havia amargado perdas financeiras grandes na ânsia de ganhar cada centavo, então às vezes perdia o *timing* de concretizar o lucro que tivera, porque ficava na expectativa de conseguir um pouco mais, porém o cenário econômico mudava e vinha a perda.

Quando você se mostra ávido em demasia, revela fraco autodomínio, o que pode dissuadir outras pessoas de convidá-lo para oportunidades que talvez se revelem não tão excelentes assim para o seu negócio. Por isso, esse provérbio valiosamente alerta para a importância de conter os exageros em diversas situações da vida. Sem essa habilidade, corremos o risco de nos envolver em atritos desnecessários, além de comprometer nossos relacionamentos pessoais e profissionais.

No mundo dos negócios, é usual surgirem convites para atividades a serem realizadas fora do ambiente profissional. Podem ser almoços, jantares, happy hours, dinâmicas, fins de semana em clubes ou quaisquer outros eventos que tenham por objetivo promover tempo de qualidade em locais mais informais. Muito importante ficar atento a essas ocasiões, especialmente se estiver acompanhado de pessoas que possam ser clientes ou parceiros de negócios. É bem provável que você seja observado nessas situações, e a imagem que transmitir dificilmente será alterada. Trata-se de uma oportunidade da qual você sairá com uma boa ou uma péssima impressão.

Devo fazer um alerta em relação ao álcool. O ideal é consumi--lo de forma comedida em qualquer ocasião, mas o cuidado deve ser redobrado em eventos de negócios. Exagerar nas doses resulta em perda do autodomínio, dos freios morais e da língua. Em casos mais extremos, o beberrão pode se deixar levar por atitudes constrangedoras e ridículas. Talvez você conheça casos de pessoas assim, que exageraram no álcool e viraram piada. Eu conheço mais de um. Inclusive um colega que chegou a ser educadamente evitado nos eventos da entidade de classe da qual participo, porque não se controlava nos happy hours.

O autodomínio se reflete até mesmo na produtividade de trabalho. Essa é uma característica valorizada pelas empresas ao contratar e promover funcionários. Travis Bradberry, presidente da TalentSmart, importante consultoria de recursos humanos nos Estados Unidos, afirma que o autocontrole é a habilidade que desencadeia uma produtividade consistente, pois mantém o profissional focado e no caminho certo. O segredo, diz o especialista, é que pessoas com autodomínio conseguem pensar em soluções e ações antes de agir.

O empreendedor que deseja ter sucesso, principalmente com clientes e parceiros adeptos de outras religiões ou oriundos de regiões com culturas diferentes, precisa estar atento aos respectivos códigos morais. Em primeiro lugar, ele deve se esforçar para evitar qualquer ato que possa ofender o outro, mas pode fazer ainda melhor e encantar o cliente ou parceiro com alguma atitude que demonstre respeito e valorização pelas crenças e valores dele. Em algumas culturas, a mesa de negociação apenas se inicia no local de trabalho, logo ela é transportada para outras atividades. Fora do ambiente formal você estará sendo avaliado e observado mais atentamente, de forma a descobrir se existe conexão entre as partes para dar ou não andamento aos negócios. Sendo assim, é recomendável se informar previamente a respeito dos costumes e da etiqueta de cada ambiente por onde você circular.

Conheci um empresário que não seguiu essa recomendação e sofreu até se adaptar. Ele era um empreendedor da área de softwares, já havia desenvolvido alguns e prosperado. Contudo, em quase todo ambiente de que participava, falava sobre negócios, rentabilidade, lucros, investimentos e tudo aquilo que era de interesse próprio e de seus clientes. O empresário havia desenvolvido um sistema de gestão que tinha como público-alvo entidades sociais e sindicatos, mas quando participou de alguns eventos sociais com representantes dessas classes, se empolgou em falar sobre esses assuntos e acabou taxado como alguém interessado apenas em dinheiro, sem a intenção de ajudar as causas sociais. Isso fechou várias portas para seu projeto e foi preciso que alguém da área comercial de sua empresa assumisse as prospecções.

Outra regra de ouro é saber se comportar tanto nos ambientes modestos como nos luxuosos. Na casa de pessoas simples, agir de modo a não constranger os anfitriões é fundamental, assim como na casa de poderosos não demonstrar deslumbramento faz toda a diferença. A sua presença deve ser leve e comedida. Sobre esse assunto, são inesquecíveis as lições de Dale Carnegie, autor do famoso livro *Como fazer amigos e influenciar pessoas*. Carnegie aconselha que você seja bom ouvinte, deixe que falem daquilo que os interessa, demonstre genuíno interesse e jamais critique. Mahatma Gandhi, reconhecido líder pacifista indiano e principal personalidade na luta pela independência da Índia, costumava dizer que grandes líderes são pessoas que aprendem a conhecer e a controlar a si mesmos antes de tentar controlar os outros.

Mesmo que a tentação por extravasar seja grande, contenha-se. Se possível, saia do ambiente por um momento, foque em outra coisa, mude o assunto da conversa, beba um copo de água. Se não resolver, considere ir embora mais cedo. Melhor a ausência prematura do que a má impressão permanente. Tenha em mente que manter o autocontrole tem implicações importantes para os negócios.

FALE COM MODERAÇÃO

No muito falar não falta transgressão, mas o que modera os lábios é prudente.

(PROVÉRBIOS 10:19)

"Você tem o direito de ficar calado, tudo o que disser pode e será usado contra você no tribunal." Essa frase é muito conhecida e usada em filmes e seriados policiais, e ela está no Aviso de Miranda, documento originado a partir do histórico caso judicial Miranda *versus* Arizona (1966), nos Estados Unidos. Essa frase consiste na obrigação de informar o acusado de seu direito ao silêncio e da garantia de assistência jurídica, sob pena de nulidade do processo. Em várias ocasiões, o Livro de Provérbios adverte sobre os perigos que rondam o hábito de muito falar. Pelo uso da fala, muitos alcançaram lugares altíssimos, enquanto outros despencaram de suas posições e perderam sua liberdade. Por isso, o conselho: fale com moderação!

Evidentemente, tanto para fechar negócios quanto para causar boa impressão pessoal, empreendedores precisam investir na arte da oratória. Faz parte do trabalho de todo líder influenciar os seus interlocutores e motivá-los. Apesar disso, tenha consciência de que falar com sabedoria e saber se comunicar bem é bastante diferente de falar muito. Procure desenvolver um aguçado bom senso para falar o necessário, porém, se for para escolher entre falar muito e dizer pouco, escolha a última opção.

Empreendedores costumam precisar falar com muita gente, pois precisam transmitir suas ideias e vender seus produtos e serviços, além de estabelecer parcerias e motivar colaboradores. Por isso, manejar bem as palavras e se fazer entender é uma virtude e uma necessidade. Contudo, algumas pessoas possuem uma crença desvirtuada do que significa uma boa conversa. É normal falar sobre um assunto aleatório, como a previsão do tempo, por exemplo, para quebrar o gelo com desconhecidos. Mas não confunda a gentileza e o bom convívio social com o hábito de falar além dos cotovelos somente para preencher o silêncio, pois isso acaba provocando constrangimento. Os tagarelas podem transmitir a impressão de insegurança e falta de autocontrole. Fazer uma pausa, respirar, reorganizar o pensamento e olhar para o relógio são medidas simples e eficazes de evitar falar desnecessariamente.

Embora quem fala demais possa ser divertido e ter muitas histórias para contar, dependendo do contexto se torna inconveniente. Tive uma colaboradora muito hábil em seu trabalho, ela entregava resultados de alta performance sempre acima da média do grupo, porém era rejeitada pelos colegas por falar muito. Até quando não tinha o que dizer ou estava sozinha, cantarolava algo. Para mim, não incomodava, mas o grupo reclamava. Então, enquanto esteve conosco, tive que alocá-la para uma sala mais reservada. Não chegou a ser um problema o fato de a colaboradora falar muito, mas ela perdeu conexões e interações de qualidade que poderia ter experimentado com os colegas.

Um dos meus autores favoritos é Dale Carnegie. Para mim, dois de seus melhores livros são *Como fazer amigos e influenciar pessoas* e *Como falar em público e influenciar pessoas no mundo dos negócios*. Em ambos, o tema é a comunicação e como usá-la para chegar a um lugar de sucesso. Talvez o grande segredo seja ter empatia; interessar-se verdadeiramente pelo outro, ouvi-lo, chamá-lo pelo nome e deixá-lo falar sobre aquilo de que gosta. Logo, engana-se quem pensa que a melhor habilidade é falar muito: o mais efetivo é ouvir.

É importante entender que há coisas legítimas de serem faladas, mas igualmente existem aquelas a serem evitadas. Para elas, não há quantidade mínima. É o caso, por exemplo, da maledicência, isto é, espalhar fatos e comentários negativos sobre os colegas, ainda que verdadeiros. Um dos grandes anseios de Deus é que Suas criaturas se arrependam de seus maus caminhos e, às vezes, o coração de quem agiu errado está em progresso e a pessoa tem tentado mudar. Porém, quando ocorre a maledicência, quando as falhas são expostas e surgem os rótulos, as forças para a mudança são minadas; e mais grave do que a fofoca é a calúnia, a invenção de mentiras acerca de outras pessoas. Inventar fatos negativos sobre o outro revela muito mais do que simples descontrole, mas mau-caratismo – uma pessoa assim deve definitivamente ser evitada. Assim como na ciência jurídica acontece o abuso de direito ao exceder no uso daquilo que, em princípio, é permitido, isso pode ocorrer igualmente no ato de falar. Você pode falar sobre carros, investimentos, imóveis ou qualquer outro tema que acredite ser de interesse mútuo, contudo fique atento aos limites.

Falar o necessário, no momento certo e da forma correta, é uma grande habilidade a ser desenvolvida continuamente, lembrando sempre do ditado judaico em iídiche que diz: "Se não tens o que dizer, fique quieto" (*Az me not nit tsu entfern, muz men farshveiguen*).*

---

* KOGOS, F. *1001 provérbios em iídiche*. São Paulo: Editora Sefer, 2021, p. 37.

LEALDADE
E FIDELIDADE

Não abandone a lealdade e a fidelidade; guarde-as sempre bem-gravadas no coração. Se você fizer isso, agradará tanto a Deus como aos seres humanos.

(PROVÉRBIOS 3:3-4)

Um dos sentimentos mais prazerosos que podemos nutrir por outra pessoa é o da confiança. Não aquela confiança acompanhada de ressalvas, mas a plena. A mesma confiança de uma criança que se joga nos braços do pai na certeza de que ele a segurará. É incrível ter pessoas com as quais podemos ser sinceros sobre qualquer assunto, que possamos confessar nossas fraquezas e decepções. Quando esse sentimento é recíproco, surge uma profunda conexão. As características que alicerçam essa confiança são a lealdade e a fidelidade.

A fidelidade é quando um indivíduo escolhe não se relacionar com outros de uma forma desrespeitosa ao parceiro. De modo geral, esse sentimento é presumido apenas em relacionamentos afetivos, mas também se aplica a relações contratuais e comerciais, e deve ser expressamente combinada. Antes de prosseguir, vou esclarecer a diferença entre lealdade e fidelidade. Enquanto a lealdade é mais abrangente e complexa, a fidelidade é mais simples. A lealdade deve estar presente em qualquer tipo de relação, seja ela afetiva, contratual, comercial, empregatícia, tanto faz, e não precisa ser combinada, pois é o mínimo que se espera. Enquanto o compromisso de fidelidade se extingue com o fim da relação, a lealdade permanece mesmo que o enlace termine com brigas e disputas judiciais, porque existem limites a serem observados.

Os contornos jurídicos da fidelidade e da lealdade revelam um panorama interessante. A fidelidade é mais específica e objetiva, tanto que alguns contratos a preveem de forma expressa, como é o caso de alguns relacionados a serviços como telefonia e plano de internet. Já a lealdade é mais indefinida e subjetiva, sendo tratada no direito como um princípio a ser observado. Existem os princípios da lealdade contratual e da lealdade processual, por exemplo. Alguns aspectos mais específicos da lealdade, quando necessário, costumam ser combinados por escrito para que não haja dúvidas, é o caso da confidencialidade. Teoricamente, nem precisava haver um documento tratando desse dever, pois pessoas leais não divulgariam informações sigilosas, porém, atualmente, é prática do mercado apenas abrir determinadas linhas de negociação após a assinatura de compromissos de confidencialidade com multas substancialmente altas.

Entre parceiros comerciais, funcionários, sócios, associados, membros de igrejas, de clubes, integrantes de determinados segmentos etc., mesmo que a fidelidade não costume ser exigida, a lealdade é sempre esperada. Por não ser uma imposição, a lealdade é uma escolha que leva em conta ideias e crenças construídas e fortalecidas ao longo da vida. Justamente por isso, manifesta o melhor de nós em todos os nossos atos. Existe algo mais prazeroso do que viver de acordo com os próprios sentimentos? Acredito que não. Por isso, o primeiro passo para ser leal em relação aos demais é ser honesto consigo mesmo, para que as nossas ações sejam reflexo do que carregamos em nossos corações e mentes. Se você é leal a seus valores, sonhos e opiniões, certamente também vive de maneira mais coerente e verdadeira em relação a quem está à sua volta. Não por acaso, uma das citações mais famosas de William

Shakespeare, milhares de vezes reproduzida, enuncia o seguinte pensamento: "A lealdade dá tranquilidade ao coração".

Numa relação profissional, se estiver ausente uma promessa de fidelidade, não há problema em ouvir ou mesmo em buscar outras propostas de trabalho a fim de serem avaliados possíveis novos caminhos. Haverá deslealdade, no entanto, se em qualquer momento forem reveladas informações, técnicas, projetos ou mesmo fragilidades compartilhadas numa atmosfera de confiança, ou, pior, se existir qualquer acusação (verdadeira ou não) tendente a manchar a imagem de um ex-parceiro profissional ou empregador. Alguém desleal e infiel não é confiável, tampouco merecedor de credibilidade.

A sabedoria de Salomão afirma, criteriosamente, que um caráter leal e fiel "agrada tanto a Deus como aos homens". Nada mais verdadeiro! Não há interesses ocultos ou segundas intenções em quem se comporta de maneira leal e fiel. A confiabilidade que se estabelece em relações pautadas pela lealdade e pela fidelidade – quando esta é exigida – portanto, promove, ainda, outra qualidade igualmente importante: a previsibilidade. Se você se relaciona com alguém leal e então surgir algum problema pelo caminho – o que é comum acontecer –, haverá certa previsibilidade nas atitudes tomadas, pois haverá o limite da ética, da moral, do contrato, das leis.

Dentro do que é eticamente aceito, existe um bom leque de condutas possíveis que permite a todo empreendedor agir com liberdade e coerência em relação às próprias metas e desejos. Não caracteriza deslealdade e muito menos infidelidade, por exemplo, quando em um novo emprego, projeto ou sociedade se utilizam as habilidades e as técnicas forjadas ou aprimoradas na antiga relação, porque isso faz parte do patrimônio profissional acumulado. Contudo, é deslealdade abordar a carteira de clientes do antigo empregador. Não há problema em ser procurado por alguns dos clientes que, eventualmente, estejam insatisfeitos com o serviço, o produto ou o atendimento recebido, mas a decisão da troca não deveria ser fruto de uma abordagem direta, muito menos insistente. Se quiser viver de acordo com esse valioso provérbio, pense nisso sempre que estiver envolvido nesse tipo de contexto.

Lembre-se: com pessoas fiéis e leais ao redor, é sempre mais fácil estabelecer relações, pois será possível prever quais as regras e as normas que serão respeitadas e quais limites nunca serão ultrapassados. É esse ambiente de confiança que se faz necessário para o ganho e o crescimento mútuos. Da lealdade e da fidelidade só se recebem bons dividendos.

SABEDORIA

A sabedoria é a coisa principal; adquire pois a sabedoria, emprega tudo o que possuis na aquisição de entendimento.

(PROVÉRBIOS 4:7)

Suponhamos que neste exato momento você pudesse fazer uma escolha: receber imediatamente uma grande fortuna ou instantaneamente ser dotado de grande sabedoria. Sinceramente, o que você escolheria? Alguns escolheriam o dinheiro. A não ser que você já seja – ou pelo menos se considere – um grande sábio, escolher os bens materiais pode ser um grande erro, pois a sabedoria é capaz de proporcionar não apenas abundância financeira, mas também honra, respeito, sensatez, vida equilibrada, segurança, poder e tudo o mais que pode faltar àqueles que, apesar de ricos, vivem uma vida desestruturada.

    Entendo sabedoria como a habilidade de tomar as melhores decisões possíveis e agir da maneira certa e no momento ideal diante de cenários complexos, quando nem todas as variáveis estão claras. Para isso, são necessários conhecimento técnico, conhecimento sobre as pessoas e suas fraquezas e forças, e conhecimento sobre a vida e suas incertezas. E mais: é sentir contentamento consigo próprio, com o que já se tem, e mesmo assim ter sonhos e projetos para avançar e fazer ainda mais por você e pelo próximo. É não ser avarento, tampouco displicente com os recursos. É ser sensível com suas necessidades e as alheias. Não é apenas um infértil conhecimento teórico, tampouco uma inexplicável sorte em decisões infundadas.

Muitas pessoas conquistam grandes fortunas, mas não alcançam a sabedoria. Os sábios, por outro lado, podem ou não ter riquezas, pois dependem do propósito que escolheram para sua vida. A depender dos sonhos que possuem, às vezes, o excesso de dinheiro até atrapalha. Muitas das grandes lições de sabedoria mundanas foram frutos de reflexões e atitudes tomadas em meio ao caos e às dificuldades.

Não é fácil alcançar a condição de sábio, porém, é completamente possível. Isso exige uma vida aberta ao aprendizado por meio de suas ferramentas mais variadas e inusitadas, como os livros, as experiências, os relacionamentos, os momentos de sucesso e de fracasso. Mais importante que a quantidade de ferramentas é a qualidade com a qual atravessamos os períodos de aprendizagem. Tem pessoas que envelhecem e continuam tolas; outras, aceleram o desenvolvimento da sabedoria, aproveitando ao máximo cada situação.

A reflexão nos provérbios escritos por Salomão é uma boa maneira de caminhar em direção à sabedoria. O temor a Deus desestimula o homem a praticar o mal e o impulsiona a fazer o bem, enquanto facilita e protege o caminho do ser. Ter sabedoria e não ser temente ao Criador pode ser um grande problema. Alguns indivíduos fizeram mal à humanidade por seguirem o caminho de viver como se não fossem prestar contas dos próprios atos e das consequências daquilo que fizeram.

Observe bem a recomendação do provérbio: "Adquira o conhecimento com tudo o que possuis". Reflita sobre como você pode viver isso na sua realidade. Tenho um amigo que empreende no mercado financeiro e, apesar de já ser bastante próspero, não para de investir na própria formação. Ele não busca somente o conhecimento técnico, algo que teve quando mais jovem. Agora, mais maduro, procura se envolver com pessoas mais velhas, referências no mercado. Exemplo disso é que ele investe consideráveis recursos e tempo para ser indicado e participar de determinados comitês e conselhos. Ele faz isso por acreditar nos benefícios da convivência com profissionais experientes, pois desse convívio poderá extrair grandes lições, evitar errar onde já erraram e colher conselhos que o ajudem a ter êxito e ser promissor.

    O ambiente de negócios clama por pessoas sábias que prosperem sem prejudicar o outro, que sejam pautadas por preceitos éticos. O mercado quer líderes, empresários e profissionais com os quais se possam estabelecer relações de mútuo ganho, em benefício não apenas dos envolvidos em determinado projeto, mas em favor de toda a sociedade.

NÃO INVEJE OS MAUS

Não tenha inveja dos maus...

(PROVÉRBIOS 24:1)

A inveja faz ativar uma área em nosso cérebro denominada córtex dorsal anterior. Ela é a responsável por processar as sensações de dor física ou emocional. Esse sentimento está relacionado tanto a predicados bons ou ruins. Alguém pode invejar a beleza de outra pessoa, como também sua esperteza e até malandragem. Além de pouco saudável, quem inveja vive em estado de tortuosa tensão e tormento. Sofre por se sentir inferior e impotente, muitas vezes chegando a adoecer.

    A inveja é um sentimento que jamais, em qualquer hipótese, devemos alimentar, sobretudo em relação àqueles que atingiram lugar de destaque financeiro ou social por meio de injustiças. Isso não significa, no entanto, que não podemos admirar a vida de pessoas boas, que conquistaram grandes coisas por meio do trabalho e da honestidade, e igualmente almejar alcançar semelhante posição. Lembro-me de que quando estava iniciando na vida profissional, eu tinha o hábito de passar na frente dos estabelecimentos dos concorrentes grandes e conceituados. Admirava seus prédios e ficava me imaginando um dia na mesma situação. Isso me motivava a trabalhar horas e horas a fio, inclusive nos sábados e alguns domingos, sempre com a certeza de que se eles conseguiram, eu também era capaz. Até poderia dizer que era uma inveja boa, mas talvez essa não seja a expressão correta, porque eu realmente sentia uma legítima admiração pela conquista dos concorrentes, fortalecendo em mim a vontade de fazer igual e ainda mais.

A publicidade contemporânea, com o objetivo de construir mensagens persuasivas em suas propagandas, às vezes, resgata a ideia do sentimento de inveja para influenciar nas escolhas dos consumidores. Comerciais de automóveis, por exemplo, costumam usar a imagem de pessoas famosas e bem-sucedidas acompanhadas por modelos de luxo no carro, uma forma de despertar a esperança de que o comprador terá a mesma companhia ao comprar o automóvel.

Nas grandes corporações, a inveja pode surgir em qualquer lugar. Seja em razão da alta remuneração de um executivo ou pelo pagamento de prêmios e outros incentivos. Não por acaso, a discussão sobre a inveja no mundo corporativo tem sido frequente. Na Alemanha, protestos contra os altos salários de executivos fizeram até mesmo surgir a expressão "debates da inveja". Portanto, se o ambiente empresarial estimula sentimentos próximos à inveja, como a voracidade, a avidez e a rivalidade, a lição que fica é a de que se deve deixar de lado tal emoção e substituí-la pela admiração e determinação em se esforçar para ter sucesso por meio dos próprios méritos, sem se deixar adoecer ou influenciar por sentimentos ruins.

Convém abordar, além da pura inveja, outro aspecto do provérbio em destaque: por que, afinal, os maus prosperam? Muitas vezes, pessoas notoriamente ruins são bem-sucedidas em sua vida pessoal e financeira. Isso pode causar até certa indignação e levar alguns a questionarem a justiça divina. Mas, veja, todas as pessoas são dotadas de talentos, dons e capacidades nas mais diversas áreas e com as mais variadas utilidades, até mesmo as mal-intencionadas. E cada uma possui a liberdade de escolher como usar tudo isso. Se algumas pessoas más estão desfrutando de uma boa vida, isso não significa que suas condutas estejam sendo aprovadas pelos céus, pois a lei do retorno é infalível e em algum momento, neste plano ou no próximo, a fatura chegará. Por essa razão é que quanto antes houver o genuíno arrependimento, aliado a efetivas atitudes para tentar reparar, neutralizar ou compensar o mal praticado, melhor será. É de conhecimento comum que Albert Nobel, cujo sobrenome deu nome ao célebre prêmio, se penitenciava por ter inventado a dinamite, em 1867. Longe de tornar as guerras ainda mais violentas, ele esperava que sua invenção encerrasse com mais brevidade esses conflitos, uma vez que os exércitos teriam, em sua visão, o mesmo poder de fogo.

É importante que você conheça a diferença entre a prosperidade debaixo da bênção divina e aquela que decorre unicamente do esforço pessoal. Ambas exigem preparação, dedicação, trabalho, suor, foco e coragem. Mas a segunda pode ser fonte de grande sofrimento, angústia, estresse e transtornos depressivos. Por outro lado, quando em parceria com os céus, a riqueza conquistada não causa qualquer tipo de temor sobre uma possível perda, pois se Ele ajudou a conquistar a prosperidade uma vez, poderá fazê-lo novamente se o mal sobrevier. Para isso, basta estar com o coração no lugar certo.

Portanto, em vez de sentir inveja de alguém por algo que você ainda não tem, esforce-se em batalhar para realizar seus sonhos e projetos, e então desfrutar de uma vida próspera em todos os sentidos. Quem sabe você se torne alvo de admiração e inspire pessoas? Lembre-se sempre de que Deus prometeu a bênção sobre o fruto do trabalho. Então, não inveje. Trabalhe!

CUIDADO COM AS COMPANHIAS

Quem anda com os sábios será sábio, mas quem anda com os tolos acabará mal.

(PROVÉRBIOS 13:20)

Tenho certeza de que você já ouviu dizer que basta uma maçã podre para estragar todas as outras. Esse dito popular é usado geralmente como metáfora para explicar o quanto uma pessoa de má índole pode levar outras ao mau caminho ou prejudicar um grupo inteiro. Se você está iniciando sua carreira, saiba que as más companhias atrapalham tanto direta como indiretamente o seu crescimento profissional. Ao avaliar candidatos a determinado cargo, a área de Recursos Humanos não deixa de observar se eles se relacionam ou não com pessoas alinhadas aos propósitos da companhia ou, ainda, se podem pôr em risco a sua reputação. Se você está em uma posição elevada em sua empresa, deve manter distância daqueles que apresentam caráter duvidoso porque, não raramente, essas pessoas estão meramente interessadas em desfrutar dos ganhos e esforços de terceiros. Em algumas situações, as más companhias prestam informações e conselhos maliciosos, capazes de levar a consequências trágicas.

Na Halachá, encontra-se a seguinte lição: "É natural que o homem seja influenciado pelos amigos próximos e vizinhos. Sendo assim, ele deve juntar-se aos justos e sentar-se sempre próximo dos sábios, para aprender suas atitudes. Ele deve afastar-se dos iníquos, que andam na escuridão, para não se influenciar pelas ações deles" (Halachá 19:10).

Se, muitas vezes, precisamos cuidar até mesmo de nossa própria sombra em razão das tentações, igual atenção devemos ter em relação ao comportamento de colegas. Em maior escala, nem mesmo as grandes empresas escapam da necessidade de manter um olhar atento sobre a conduta de seus funcionários e fornecedores. Esse trabalho é realizado por meio de um programa de compliance. O Departamento de Compliance é responsável por garantir o cumprimento de leis, regras, regulamentos e diretrizes estabelecidos para o negócio e para as atividades da instituição ou da companhia. Essa área evita, detecta e trata desvios ou inconformidades que possam ocorrer em suas transações. Em outras palavras, a ideia é manter um comportamento íntegro, bem como fiscalizar e disciplinar comportamentos irregulares ou ilegais por parte de seus colaboradores. Se você está à frente de um negócio, reconheça a importância desse programa para seu empreendimento.

É impossível conviver com pessoas de estirpe ruim e não ser influenciado negativamente, mesmo se blindando contra maus comportamentos, na esperança de que tais influências ficarão restritas a apenas determinado aspecto de sua vida, como o lazer ou algum hobby. Seja por meio de palavras ou não, a simples convivência pode ser suficiente para influenciar e levar a erros ou equívocos. Estudos demonstram que mesmo as pessoas com quem convivemos indiretamente, isto é, os amigos dos amigos, geram impacto em nossa vida. Você até pode estar atento a bloquear opiniões tolas, mas é impossível deixar de se influenciar pelas atitudes de quem nos cerca que geram marcas em nossa percepção. Há um ditado judaico que diz que "quem vive com um diabo, acaba virando um demônio".

Minha história de vida foi positivamente impactada por uma boa amizade. Eu havia reprovado no primeiro vestibular para o curso de direito. Estava a ponto de desistir de meu sonho e trabalhar no comércio quando um amigo me repreendeu fortemente. Graças a ele, eu persisti e continuei estudando. Hoje, entendo que esse momento foi crucial em minha jornada profissional. Se por acaso eu convivesse com pessoas menos interessadas nos estudos, provavelmente teria desistido de ser advogado.

Os tolos até podem ser companhias agradáveis e divertidas. São conversas mais leves, despretensiosas, rasas e engraçadas, ao contrário daquelas mais densas, provocativas, permeadas de momentos de silêncio e de reflexão. A falta de responsabilidades e de conhecimento da realidade faz com que algumas pessoas se tornem atraentes. É a velha história daquele colega de turma descolado, sempre cheio de gente ao seu redor, enquanto outro aluno mais focado no trabalho e nos estudos passa a ser considerado chato ou entediante. Qual deles pode ser considerado melhor influência?

A família em que nascemos não é decisão nossa, mas as pessoas com quem escolhemos partilhar a jornada desta existência são de nossa inteira responsabilidade. Devemos, portanto, fazer boas escolhas, motivadas por interesses genuínos, que nos façam evoluir para nos tornarmos a nossa melhor versão. Ter um círculo de amizade e de relacionamento com seres de bom caráter e de uma sensata visão de mundo é um excelente atributo, pois quando precisar de conselhos ou de ajuda em algum projeto, eles serão de grande relevância.

Não é simples para as pessoas sábias aceitarem companhia, ao contrário dos tolos, que estão sempre de braços abertos a aceitar qualquer um. Isso porque a sabedoria, ao contrário da tolice, é difícil de ser aprendida. Mas, apesar dessa dificuldade, valem a insistência, persistência e paciência para conseguir participar de grupos nos quais ensinamentos bons são transmitidos, pois os frutos que advirão de uma ou de outra convivência são muito distintos e, por si só, revelam o seu valor.

Filtrar aqueles com quem nos relacionamos é um modo de evitar que pessoas ruins e que escolheram um caminho de más ações impregnem nossa vida. Mas, cuidado, não devemos nos afastar de quem eventualmente se encontra em apuro ou só pensa diferente. A diversidade é boa e, em muitos ramos de negócios, é fundamental para que haja um ambiente de criatividade e de respeito. Como se diz, o espelho pode ser um mau conselheiro.

Então, devemos nos esforçar em caminhar ao lado de seres humanos positivamente ambiciosos e com projetos de vida que façam sentido para nós. Não se trata de ser alguém movido por interesses egoístas, longe disso, mas de estarmos próximos de quem nos ajuda a sermos melhores, que nos mostre quando estamos errando e nos incentive quando precisarmos. Pessoas que possam nos inspirar para termos o mesmo sucesso, ainda que por caminhos diferentes.

BUSQUE A LIBERDADE FINANCEIRA

> *Não construa a sua casa, nem forme o seu lar até que as suas plantações estejam prontas e você esteja certo de que pode ganhar a vida.*
>
> **(PROVÉRBIOS 24:27)**

O provérbio alerta sobre o consequente aumento do custo de vida e a mudança de prioridades que acontecem quando fazemos parte de determinadas obrigações. A frase cita como exemplo o matrimônio, pois, com as preocupações conjugais, tende-se a deixar em segundo plano a construção de uma carreira ou o desenvolvimento de um negócio que serviria, justamente, para possibilitar as condições financeiras ideais para prover conforto e bem-estar à família. Mas o problema não é, de modo algum, o casamento em si, e sim assumir compromissos que dispersem o foco num momento em que se faz necessário dedicar atenção e investir no desenvolvimento pessoal. Exemplo clássico é o jovem que começa a namorar às vésperas do vestibular e, quando a moça não é uma companheira igualmente dedicada aos estudos, ambos acabam sem obter a aprovação pretendida.

Nesse aspecto do foco, lembro-me de quando estava na faculdade e meu pai não permitia que eu trabalhasse no comércio, em bancos ou em qualquer lugar que não fosse em minha área de estudo. Isso me irritava, pois estágios pagavam pouco, enquanto empregos normais poderiam ser bem rentáveis. Contudo, ele insistia no fato de que ter uma boa remuneração naquela fase da vida iria me dispersar dos estudos e do aprimoramento profissional. Hoje agradeço por meu pai ter sido firme nesse assunto.

Note que não apenas o casamento, mas outras decisões podem implicar desvio do foco que, primeiramente, deve ser prover o próprio desenvolvimento. Diz o ditado judaico: "A lógica do estômago engole a da cabeça". Isso significa que a necessidade por coisas mais elementares acaba, muitas vezes, impossibilitando ações estratégicas que poderiam levar a patamares mais elevados.

Certamente você já ouviu falar de alguém que teve aumento na renda ou recebeu dinheiro extra. Em vez de realizar um bom curso de pós-graduação, de mestrado, de doutorado, de oratória, de redação... enfim, de destinar o recurso a seu crescimento profissional, decide trocar de carro, mudar de apartamento, fazer uma viagem de lazer ou comprar um smartphone. Esse comportamento revela pouca preocupação com o futuro e baixa visão estratégica. Naturalmente, eu bem sei que fazer um ou outro curso não muda instantaneamente a vida de uma pessoa, parecendo mais tentador dedicar o dinheiro extra a algo imediato. Deve-se ter em mente, no entanto, que é o acúmulo de conhecimento, de cursos concluídos, de palestras, de congressos, de livros lidos que, paulatinamente, fazem a verdadeira diferença para melhorar a qualidade de vida de modo efetivo e duradouro. Uma boa formação profissional exige tempo e investimento financeiro, contudo as recompensas vindouras sempre valem a pena.

É óbvio que, em muitas situações, é preciso ter um carro. No caso de alguns profissionais liberais, contar com um bom veículo chega a ser imprescindível. Ter um local confortável para morar e trabalhar, pensando em quem faz home office, é igualmente importante. Todavia, cada um deve avaliar com objetividade o que de fato é necessário e o que é supérfluo, além de refletir a respeito do que pode ser adiado e por quanto tempo.

Será que um carro usado não atenderia a necessidade do mesmo modo que um zero-quilômetro? Seria este ano o melhor momento para assumir o financiamento da casa própria? O celular atual precisa mesmo ser trocado? Um curso no exterior não renderia mais frutos do que uma viagem de lazer? Essas são questões que todo profissional deve fazer a si mesmo, especialmente se ainda não dispõe de uma reserva financeira suficiente para momentos de dificuldade. Em resumo: deve-se ter paciência e pensar antes de gastar. Depois de conquistar uma sólida formação e desenvolver as habilidades necessárias para uma carreira bem-sucedida, a aquisição de veículos, de imóveis, de bens de consumo se tornará consequência. Ao inverter essa lógica, aumentando prematura e substancialmente o custo de vida sem o devido lastro, os efeitos serão observados a curto, médio e longo prazos. Os investimentos no desenvolvimento pessoal e profissional diminuirão drasticamente, haja vista gastos com o IPVA, o IPTU, o condomínio, o seguro, a revisão e manutenção do automóvel e tantas outras obrigações.

O tempo passa depressa e, quando menos se percebe, a vida profissional acaba estagnada pela falta de reciclagem e aprimoramento. Então, não culpe o governo, o patrão, o cônjuge, os pais, o mercado de trabalho ou quaisquer outros fatores externos. Você estará vivendo o resultado de várias pequenas e grandes decisões que fez ao longo do tempo. Infelizmente, o erro de cálculo cometido no passado pode gerar insatisfação, depressão, mal desempenho no trabalho e amargura por saber que, em razão de escolhas equivocadas, todo o potencial para ascender na vida acabou subaproveitado.

Acompanhei um caso triste. Uma jovem, formada havia pouco mais de dez anos, resolveu cursar sua primeira pós-graduação. Ao assistir a primeira aula, saiu da sala chorando e, após esse episódio, foi diagnosticada com depressão. Depois de um tempo, entendi o que houve. Quando estava na graduação, numa das melhores universidades da região em que morava, ela era dedicada, estudiosa e tinha potencial para ser uma referência no mercado. Contudo, após formada, passou a morar sozinha e se casou com um rapaz gente boa, mas ele não era focado no crescimento pessoal e profissional, e a jovem se deixou levar pelo marasmo. A renda do casal não permitia arcar com as despesas da casa e ainda investir em estudar. Para piorar, a falta de prioridade sobre onde investir o dinheiro os levava a gastar desenfreadamente nos finais de semana com festas, churrascos, passeios e curtição. A jovem começou a despertar para a necessidade de fazer algo para melhorar sua carreira quando a empresa na qual trabalhava firmou convênio com uma instituição de ensino e possibilitou pós-graduação de qualidade a custo reduzido. Matriculou-se e, para sua surpresa, o professor da aula magna de abertura – apresentado como mestre, doutor e pós-doutorando, além de ser responsável por uma entidade de sucesso – tinha sido seu colega de graduação. Ver a posição que ele alcançou e a condição em que ela estava a desestruturou. O lado bom dessa história é que após o período do tratamento psiquiátrico, a jovem resolveu sair do conforto do emprego e empreender num negócio próprio. Não tenho dúvidas de que se ela se dedicar bastante, agir com inteligência, foco e determinação, conseguirá amenizar o tempo perdido.

Na sabedoria judaica há um conselho específico no seguinte provérbio: "Antes de tomar para si mulher para construir uma família, deve-se buscar os meios que permitirão o sustento de tal família: preparar os campos para a lavoura que fornecerá o alimento para a casa, e então montar a casa. De outra maneira, ter-se-á de recorrer à caridade ou negligenciar o estudo da Torá. Em nível metafórico se pode dizer, de forma geral, que antes de qualquer ação devem ser feitos preparativos longamente meditados".*

Mesmo aquele empreendedor de sucesso ainda no início de seu negócio não está, de fato, com a vida ganha a ponto de desperdiçar seus rendimentos. É comum ver jovens empresários ou empreendedores comprando carros de luxo, roupas de grife, frequentando restaurantes estrelados e oferecendo presentes de luxo às suas namoradas no começo da carreira. Tudo isso perde valor de mercado rapidamente, sem falar que nem sempre esse estilo de vida se sustenta ou é bem-visto pelos parceiros de negócios, clientes e colaboradores.

Evidentemente, todos estamos sujeitos a problemas financeiros. Profissionais de negócio, no entanto, precisam ter uma boa educação financeira para lidarem com o próprio dinheiro de maneira sábia. Em geral, uma boa base é utilizar os três Ps: planejar (a aquisição de produtos e serviços de forma planejada pode evitar a tomada de crédito a juros altos); priorizar (jamais adquirir algo sem antes avaliar se aquele produto ou serviço é realmente necessário); poupar (guardar para adquirir o produto ou o serviço à vista, para obter descontos). Acredite: uma vida financeira saudável traz inúmeros benefícios, o principal deles é a liberdade. Acompanhada dela virá a qualidade de vida desejada para si mesmo e para os seus, e você poderá realizar investimentos que acrescentam ainda mais à sua prosperidade e realização pessoal. É um ciclo virtuoso.

---

* WASSERMAN, A. *O Livro dos Provérbios*: Com comentários. São Paulo: Maayanot, 2020, p. 173.

SEM PREGUIÇA

Preguiçoso, até quando você vai ficar deitado? Quando vai se levantar? Então o preguiçoso diz: "Eu vou dormir somente um pouquinho, vou cruzar os braços e descansar mais um pouco". Mas, enquanto ele dorme, a pobreza o atacará como um ladrão armado.

(PROVÉRBIOS 6:9-11)

Malvisto em qualquer ambiente, o preguiçoso pode ser definido como aquele que deixa de fazer o que deve ser feito. É o tipo de pessoa que se nega a trabalhar, segundo o Livro dos Provérbios, ou então, quando faz algo, é sem ânimo e muitas vezes de modo desleixado. Ceder à inércia prejudica o desenvolvimento do trabalho e impede o próprio crescimento pessoal e profissional. O preguiçoso prefere adiar em lugar de realizar, deixando para amanhã o que pode fazer hoje.

A falta de engajamento de colaboradores é, sem dúvida, um dos problemas mais enfrentados pelos empreendedores, e isso pode ter várias causas. Algumas vezes, as justificativas são a baixa remuneração, o excesso de trabalho, a ausência de reconhecimento profissional ou problemas de infraestrutura do negócio. Me perdoem as opiniões contrárias, mas não concordo com essa história de atribuir a circunstâncias externas a razão de não se engajar, de não se empenhar com afinco, pois por qualquer ângulo que for analisado, quem mais sofre prejuízos com um trabalho feito de modo letárgico é o próprio profissional. Faz mal para sua reputação, para o desenvolvimento de seu caráter e impede seu crescimento como ser humano. Só há consequências negativas para quem trabalha preguiçosamente.

Ao longo de minha carreira, não faltaram oportunidades para eu reclamar das condições externas, da imensa concorrência que enfrentei, da ausência de apadrinhamentos em determinadas situações, da falta de apoio generalizada e da carência de estrutura física e de recursos financeiros adequados. Confesso ter ficado abatido em alguns momentos, especialmente quando as dificuldades pareciam grandes demais, mas logo eu percebia que o desânimo afetaria mais a mim mesmo, afastando-me de meus sonhos. Então, dedicava-me de coração e cérebro ao meu trabalho, na certeza de que daria certo e da vinda dos bons frutos, ainda que demorassem alguns anos.

Em qualquer ambiente, manter uma pessoa desmotivada é um prejuízo. É quase impossível motivar alguém a se empenhar se a justificativa para seu comportamento é de que a culpa é dos outros, sem que ele reconheça sua própria responsabilidade. Se for numa relação de emprego, saiba que até há uma cláusula na Consolidação das Leis do Trabalho (artigo 482 da CLT) que permite a demissão por justa causa em decorrência de desídia, isto é, a disposição para evitar qualquer esforço físico ou moral; também sinônimo de indolência, de ociosidade e de preguiça.

Agora, preciso abordar a questão da preguiça sob outro ângulo: o de se esconder sob uma crença sem fundamento. Outro dia, conheci um jovem de cerca de 28 anos. Ele ainda não tinha se encontrado profissionalmente e estava começando a trabalhar num novo negócio. Os donos desse negócio, amigos meus, estavam financeiramente muito bem e demoraram anos para atingir essa posição. Me atentei ao fato de que esse jovem tinha planos de comprar um Porsche, um carro bastante caro, dentro de dois anos. No momento, contudo, ele não tinha sequer um Fusca. É possível em dois anos alguém sair do zero e atingir milhões? Sim, claro, mas geralmente essas pessoas já estão pelo menos em posições que permitem essa escalada. Não era o caso do rapaz. Ele insistia que acreditava muito em seu plano; para mim, era uma fé infundada. Inclusive, enquanto escrevo este livro, já se passaram cerca de seis meses e nada mudou na vida do jovem: ele continua na mesma condição de antes.

Há também pessoas que, equivocadamente, acreditam que a fé e a confiança em Deus são incompatíveis com trabalhar muito, se esforçar e se dedicar. Ou se apoiam no fato de que se Deus tem um propósito para sua vida, significa que tudo acontecerá como mágica, independentemente da falta de atitude. Ledo engano. Na Bíblia, temos relatos de pessoas agraciadas com promessas divinas que precisaram se dedicar bastante para a concretização delas. Observe o exemplo do rei David, ungido rei ainda bem jovem, mas até que esse destino se concretizasse, foi perseguido e quase morto.

De acordo com o *Dicionário Bíblico Strong*, a palavra original usada para preguiça é *atsel*, que pode ser traduzida tanto para preguiçoso como para lerdo. Por essa razão, o provérbio deste capítulo começa com "até quando?", porque, às vezes, a pessoa possui objetivos, sonhos e planos, mas é lenta em colocar a mão na massa para trabalhar. Arruma todo tipo de desculpas para ficar um pouco mais na inércia. "Tem um leão lá fora!", "Está frio!", "Está chovendo!", "Está muito calor!" etc.

Quando Jesus disse que não precisamos ficar preocupados com o que iremos comer, beber e que o Pai veste até os lírios do campo e, por isso, cuidará também de nós por sermos valiosos, o que Ele nos alertou foi contra o estado de ansiedade em que alguns vivem. Jesus garantiu o suprimento de todas as nossas necessidades materiais se dermos prioridade ao Reino de Deus. Isso significa usar nossos dons e talentos para fazer o bem, pois assim cumpriremos nosso propósito nesta existência terrena.

A Bíblia faz a promessa de que se ajudarmos o próximo, seremos abençoados em tudo o que fizermos. Isso evidencia a urgência de agir, sair da cama, empreender, ter projetos, trabalhar e se esforçar para que exista algo sobre o qual recaia a bênção dos céus. As dificuldades sempre estarão presentes e fazem parte de qualquer processo de conquista, o que é bem ilustrado no ditado judaico "Existem ossos sem carne, mas não carne sem ossos".

Apreciar o trabalho e buscar fazer o que se gosta são bons antídotos contra a preguiça. O Talmude, a coletânea de livros sagrados dos judeus, diz: "A Presença Divina não paira sobre um homem quando ele está triste ou preguiçoso" (Pessachim 117a). Nesse sentido, o rabino belga David Weitman explica o conselho judaico na seguinte premissa: "Seja valente e corajoso como o leopardo, ágil e rápido como uma águia, corra como uma gazela e seja forte como um leão, para cumprir a vontade de seu Pai que está no Céu".

**FAÇA SEU MELHOR
QUE A PROSPERIDADE
ACONTECE**

Não se mate de trabalhar, tentando ficar rico, nem pense demais nisso. Pois o seu dinheiro pode sumir de repente, como se tivesse criado asas e voado para longe como uma águia.

(PROVÉRBIOS 23:4-5)

A melhor riqueza não é aquela conquistada na força de exagerado, exaustivo e fustigante empenho. Essa riqueza é quase uma ilusão, porque, se for embora, deixará em seu lugar o desespero de quem a teve como único foco da vida. A busca do dinheiro pelo dinheiro é vazia e pode levar a diversas ciladas, como a idolatria, o orgulho, a intolerância, as inimizades e o isolamento. Pode, ainda, gerar efeitos colaterais dos mais variados. Para piorar, se a riqueza angariada desse modo for perdida, ela não carregará para longe todas as dores que havia trazido, estas permanecerão. A situação, então, se tornará ainda mais grave, porque não estarão mais presentes os confortos, algumas amizades e tampouco a influência proporcionada pelo dinheiro.

Com isso, não estou incitando a repulsa em relação à riqueza. Ao contrário, ter dinheiro além do necessário para manter as necessidades básicas de alimentação e moradia pode ser uma verdadeira bênção na vida daqueles que sabem geri-la. O segredo está no comando. Quem domina quem? Ou você domina a riqueza ou é dominado por ela, simples assim. Quem trabalha com tamanha intensidade a ponto de quase morrer com o objetivo de ficar rico acabará inevitavelmente dominado pela riqueza. De outro lado, o enriquecimento se transforma em objetivo saudável quando o ser não é escravizado por essa meta nem põe em risco a própria saúde e os relacionamentos afetivos.

Naturalmente, é preciso muito empenho, dedicação, esforço, sacrifício, foco, resiliência, estratégia e colaboração para angariar bens materiais e criar um patrimônio considerável. Contudo, toda essa energia não deve ser canalizada para a conquista do dinheiro e sim para realizar algo verdadeiro em vida. Você pode ter o desejo de ficar rico por causa de sua família, da comunidade ou para tornar este mundo um pouco melhor. Quanto mais pessoas você conseguir beneficiar com os frutos de sua prosperidade, melhor. Em outras palavras, a riqueza pode ser fonte de grande alegria e de conforto se promover benefícios também para outros, além de si mesmo, e se você exercer o seu trabalho de maneira que impacte positivamente a vida de muita gente ao seu redor. Portanto, quando a riqueza é fruto da paixão por uma profissão bem desempenhada, de uma empresa bem gerida, do desenvolvimento de produtos inovadores, de serviços bem prestados, então se está diante de algo absolutamente admirável.

Já vi gente que, teoricamente, perdeu tudo, mas não entrou em desespero, tampouco em depressão, e, após algum tempo, acabou atingindo a mesma condição financeira ou uma até melhor. Digo "teoricamente" perderam tudo, pois o que realmente tem valor inerente são o conhecimento e a experiência acumulados. Patrimônio é algo que se pode medir. Conhecimento, por outro lado, é imensurável.

Em meu negócio principal, já tive que me reinventar pelo menos quatro vezes. Não vou negar: isso me deixava apreensivo e inseguro. Parecia que sempre que eu tinha a sensação de que tudo estava caminhando bem, quando eu estava entrando numa zona de conforto, com estabilidade profissional, me via obrigado a buscar, aprender e desenvolver algo novo. Porém, esses sentimentos rapidamente eram suplantados pelo prazer do desafio. Apesar de não ser fácil, cada novo obstáculo foi mais tranquilo de superar, porque eu já conhecia o caminho das pedras.

Digo mais: se eu pudesse ter escolhido, certamente optaria por não ter passado por essas situações. Mas hoje não tenho dúvida de que foi excelente para meu negócio, pois cada área de atuação que eu imaginava que havia se tornado inviável financeiramente, na verdade apenas diminuíram por um período, então voltaram a proporcionar bons lucros. E hoje ainda posso contar com um negócio mais diversificado e, por isso, mais estável.

Como consegui passar por essas situações e me reinventar? Claro, num aspecto transcendente, afirmo que Deus sempre esteve no controle, e em última análise o mérito é sempre d'Ele. Mas no mundo natural enxergo que a habilidade de inovar foi facilitada por minha paixão por estar sempre estudando, fazendo cursos e lendo novos conteúdos. Meu principal combustível nunca foi apenas o dinheiro que ganhava em meu empreendimento, mas sim a qualidade do serviço realizado por minha empresa.

Conheço um profissional entusiasmado apenas pelo dinheiro proporcionado pelos negócios. Ele não é um profissional de alta qualidade, é de mediano para baixo. Apesar disso, durante um período, atuamos no mesmo segmento, e ele, tenho que reconhecer, foi mais bem-sucedido do que eu por um período, pois seu ímpeto comercial era bem mais intenso. Enquanto eu amava meu serviço e ainda procurava estar atualizado sobre o ramo de atuação, o outro profissional se dedicava de corpo e alma apenas ao fechamento de contratos. Naturalmente, durante um tempo, ganhou mais dinheiro. Porém, numa dessas mudanças de cenário comentadas anteriormente, ele não conseguiu se reinventar porque insistiu em um investimento que estava numa maré ruim, e nisso acabou desistindo do negócio. Inicialmente, o profissional do exemplo tentou ser corretor de imóveis, não teve o mesmo sucesso e, por fim, ao que sei, está empreendendo com uma escola profissionalizante. Financeiramente, até o momento, posso dizer que o jogo virou. Não me apego a isso, pois como Flávio Augusto sempre repete: "Estabilidade não existe".

Em síntese, podemos destacar três regras para enriquecer com sabedoria: ser resultado do seu empenho em dedicar dons e talentos naturais para fazer algo com amor, paixão e dedicação; impactar beneficamente a vida do próximo; devolver parte do fruto financeiro à sociedade por meio da ajuda financeira e social àqueles que precisam. Cuide, ainda, para observar esses preceitos permanentemente, a fim de não se deixar levar pela ganância ou avareza. Uma boa proteção é se manter humilde e próximo de pessoas sinceras e amigas.

SEJA
CAUTELOSO

> *A pessoa sensata vê o perigo e se esconde; mas a insensata vai em frente e acaba mal.*
>
> **(PROVÉRBIOS 22:3)**

Ser prudente é condição essencial para alcançar o sucesso no mundo dos negócios. Cautela não é sentir medo. Cautela é agir com segurança, esconder-se ou simplesmente se afastar de um momento de perigo. Como sugere o provérbio deste capítulo, cautela não é sinônimo de covardia nem excesso de temor. Sentir medo não é errado, inclusive esse é o principal mecanismo de preservação do ser humano e uma das motivações para agirmos com prudência. Covarde é quem deixa de agir sem ao menos analisar os riscos de forma objetiva. Sensato, por sua vez, é o ser que, não existindo razão para aceitar sacrifícios ou perdas em determinado momento, opta por não se expor diante de um provável e previsível fracasso. O provérbio cita "vê o perigo", ou seja, o risco é real e iminente. Ainda assim, o tolo resolve fechar os olhos, continuar no caminho em que a desgraça anunciada o aguarda e "acaba mal". Por isso, reforço: não há problema em se afastar diante de circunstâncias que apontem para uma perda. Salvo se houver algum motivo demasiado forte para amargar danos, o mais inteligente é sair de cena e aguardar melhores condições.

O empreendedor cauteloso não deve focar somente em seus objetivos sem olhar para os lados. Nos negócios, cautela simboliza manter fixo um olho no objetivo e outro no contexto geral. Assim, conseguirá identificar, antecipar e se prevenir contra impedimentos que inviabilizem ou dificultem a concretização de seus planos. Ousadia não precisa ser sinônimo de imprudência, pois é totalmente possível agir de forma inovadora e disruptiva, mantendo-se ciente das consequências. Se você parar para refletir, vai ver que o conceito da boa liderança está sempre relacionado à capacidade de ser prudente, humilde e crítico em relação a si mesmo e aos demais membros do time. Em outras palavras, quando se torna capaz de usar a sua visão periférica e de analisar as relações que o cercam, sua presença se fortalece no mercado, e você fica mais protegido contra intempéries.

Diversificar os investimentos de uma empresa em momentos de anunciada turbulência, por exemplo, não é covardia. Colocar travas nas portas quando o ambiente externo representa perigo, muito menos. Reduzir a velocidade quando a pista está molhada é uma providência tomada para evitar acidentes até mesmo pelos destemidos pilotos de Fórmula 1. A fim de controlar os imprudentes, a organização desse esporte costuma, inclusive, pôr em ação o *safety car*, de modo a reduzir a velocidade dos competidores até que as condições se tornem mais seguras. Tudo isso é sinal de cautela. Além do mais, enquanto você se protege, é possível ganhar tempo para observar o cenário e sair mais fortalecido da situação.

O provérbio evidencia que problemas e empecilhos estão à vista; portanto, é possível desviar deles enquanto há tempo, se esconder e nunca os enfrentar sem necessidade. Ao se distanciar da realidade, o fracasso e a perda são reais. Mesmo quem está disposto a enfrentar desafios grandiosos e assumir riscos que nenhum outro seria capaz precisa agir com cautela, especialmente se as suas decisões vierem a afetar outros, porque essa é uma questão de responsabilidade. Até mesmo homens audaciosos, capazes de sair, literalmente, da gravidade de nosso planeta para explorar o espaço sideral, agem com extremada prudência. Uma das características que a NASA exige dos candidatos ao posto de astronauta, além de um forte desejo de explorar o desconhecido, é que sejam cautelosos em relação à sua integridade física e a de seus companheiros e equipamentos.

Naturalmente, se você sempre optar pelo seguro e pelo previsível, acabará perdendo grandes oportunidades de crescer e de se desenvolver. Mas uma postura desbravadora não elimina o bom senso. Na realidade, o que o mercado espera dos empreendedores é que usem sempre de cautela, assumindo riscos calculados, e que estejam preparados.

Manter a confiança em si mesmo e na própria capacidade é importante, contudo o excesso de ousadia se transforma, muitas vezes, em armadilha. Reconheça, portanto, o seu potencial, se prepare, dê o seu melhor, mas entenda que nada nem ninguém consegue ser infalível todas as vezes. A partir dessa postura, você certamente tomará boas decisões. Na ciência jurídica, quando dois direitos fundamentais entram em colisão, é preciso fazer um exercício de ponderação. Levam-se em consideração os prós e os contras de cada um, as alternativas, as consequências, os ganhos e as perdas. Só após essa reflexão elege-se o melhor caminho. Optar por um deles, no entanto, não representa, necessariamente, descartar o outro. Trata-se de permitir que um incida mais do que o outro. Em outras palavras, você deve agir com cautela, retrocedendo somente pelo tempo necessário para encontrar a melhor defesa antes de agir.

Se você ponderou tudo isso, avaliando prós e contras e possíveis ganhos e perdas, se fez uma análise de seu potencial, de sua reação psicológica diante de adversidades e dos recursos dos quais dispõe para o enfrentamento e concluiu que é momento de avançar, faça-o de maneira determinada, enérgica e convicta, pois uma pessoa decidida dificilmente não atinge o resultado desejado. Pode até demorar um pouco, mas o alcança. Quando a situação nos força a encarar o risco, percebemos que o bicho-papão não era tão malvado assim, seja porque ele foi superdimensionado ou porque éramos mais fortes do que imaginávamos. Ao estar numa zona de conforto e avaliar um cenário de perdas, de conflitos e de dificuldades, a tendência é que tudo pareça muito pior do que verdadeiramente é. Não raramente, dado o poder de adaptabilidade e de resiliência do ser humano, os limites são superados com facilidade. Quando passei dezessete dias entubado por causa da covid-19, percebi bem o que significa isso de sermos mais fortes do que imaginamos. Se alguns dias antes de eu adoecer tivessem me contado pelo que passaria – duas intubações (a primeira, catorze dias, e a segunda, três dias), internação na UTI, dificuldade para andar, levantar os braços etc. –, provavelmente teria dito que morreria por não ter força física e psicológica para tamanho sofrimento. Mas não tive escolha. Simplesmente fui jogado na situação e, quando vi, estava no meio do furacão. Enquanto escrevo este texto, faz exatamente um ano que fui extubado e, posso dizer, estou mais forte do que antes. No meu caso, não foi a hipótese de superdimensionar a luta, mas de subestimar minha força.

Contudo, a recomendação do provérbio é de grande importância: seja cauteloso. Pense mais de uma vez antes de agir. E se sua inteligência e intuição pedirem para se recolher, faça isso. Mas, se indicarem oportunidade para avançar, empenhe-se; só não aja como tolo, no ímpeto do impulso. Aqui valem as sábias palavras de Confúcio: "Os que são prudentes e humildes raramente tropeçam".

ELIMINE
O PROBLEMA

Mande embora a pessoa orgulhosa, e acabarão os desentendimentos, as discussões e os xingamentos.

(PROVÉRBIOS 22:10)

O desempenho das equipes é fortemente influenciado pelo ambiente de trabalho, por isso é importante cuidar para que tal espaço seja agradável, desafiador, e explore o potencial de todos. No entanto, na prática, a convivência entre colaboradores de diferentes perfis e personalidades nem sempre é tão pacífica, e os conflitos aparecem, principalmente quando há funcionários de má índole. A sabedoria do provérbio deste capítulo nos orienta a identificar o quanto antes as possíveis fontes de discórdias e eliminá-las. A demora em agir compromete o resultado e, em casos extremos e crônicos, a saúde da organização.

Os empreendedores são os responsáveis pelo sucesso de seus negócios, sendo assim, eles devem dedicar especial atenção à avaliação de desempenho, orientação e desenvolvimento de seus colaboradores – incluindo a detecção de eventuais funcionários-problema. Insistir e tentar corrigir o comportamento negativo só faz prolongar o dilema. Diante de evidências, esteja pronto para reconhecer a existência de alguém problemático, não tente ignorá-lo. Mas, antes de atribuir o adjetivo a alguém, tire um momento para examinar seus próprios sentimentos e motivações e tenha a certeza de que uma avaliação negativa não é derivada de sua própria inflexibilidade, intolerância ou reação exagerada diante de determinada situação. Assim, você não cometerá injustiças.

Não sem motivo, a Bíblia está repleta de aconselhamentos que vão desde o alerta ao fato de que "um pouco de fermento leveda toda a massa" (Gálatas 5:9), até para que haja grande cuidado com as amizades e o círculo social de convivência. Mesmo quando acreditamos estar blindados contra as más influências, a realidade é que, inconscientemente, somos como esponjas e absorvemos ou reproduzimos hábitos e comportamentos daqueles que nos cercam. Um pouco de água limpa não purifica a água do esgoto. O processo de filtragem deve ser profundo, por isso muita água limpa é necessária até eliminar a sujeira. Em contrapartida, poucas gotas de água contaminada já são suficientes para tornar imprestável todo o reservatório.

Quanto mais tempo se levar para eliminar a maçã podre do ambiente de trabalho, maiores serão os danos. Os prejuízos das empresas que são citadas ou envolvidas em situações de fraudes, corrupção ou mesmo escândalos de toda sorte podem durar muitos meses, às vezes anos. Nesse período, muitas podem não sobreviver e ir à falência. Quando um CEO se engaja em um comportamento questionável, como trapaças, erros e desvios de conduta, as providências precisam ser imediatas. Além disso, o bom exemplo deve partir de cima. Se nada for feito, o risco de funcionários agirem de maneira fraudulenta ou antiética, mesmo em níveis iniciais, é bastante elevado. Observe que uma pessoa que costuma reclamar dos superiores, por exemplo, logo será copiada por outros colegas. Alguém que deixa a geladeira do refeitório bagunçada ou mexe na comida dos colegas logo deixará o ambiente tumultuado e passível de fofocas. O funcionário fofoqueiro, por sua vez, comete maledicência e infecta o clima organizacional.

Um amigo relatou ter problemas com a equipe de vendedores de sua empresa. O perfil deles não o agradava, e todos tinham o hábito de reclamar sempre que havia alguma mudança na organização da companhia. Meu amigo chegou a perder o ânimo de ir para o próprio negócio, e pensava até em vendê-lo, apesar de ser rentável. Então, para sua surpresa, um dia alguém o alertou para o fato de que seus vendedores eram uma espécie de cópia de um dos funcionários mais antigos da empresa. Logo se lembrou que esse antigo colaborador participava de todas as contratações e tinha o hábito de reclamar pelos corredores e fazer fofocas. Provavelmente, esse funcionário devia se sentir injustiçado, porque foi um dos primeiros colaboradores, mas não se desenvolveu como outros que chegaram depois. Inclusive, na época, estava à frente de um setor que nem era muito a sua praia, porém, devido à baixa performance nos outros departamentos, acabou sendo transferido para onde estava. A resistência em desligá-lo era mais em respeito ao seu tempo de casa do que pelo resultado que entregava. A primeira providência do meu amigo foi proibi-lo de participar das contratações e, tempos depois, rescindiu o contrato desse antigo colaborador. Como brasa que se esfria longe do fogo, paulatinamente as reclamações e as fofocas cessaram, e o time passou a ser muito mais coeso e performático.

Desde a Grécia clássica, filósofos e estudiosos se debruçaram sobre a questão dos comportamentos e procuraram encontrar respostas universais. Obviamente, essas respostas variaram bastante. No ambiente das empresas, as percebemos na forma de preceitos éticos que estão nos manuais de conduta para serem seguidos tanto pelos funcionários como pelas organizações. A maior parte das empresas pede que o funcionário assine um documento no qual ele afirma ter lido o código de conduta, de modo que não poderá alegar desconhecimento, caso seja demitido por não cumprir determinada regra. As chefias também precisam obedecer a critérios éticos. Aqueles que reiteradamente as descumprem geralmente são os tais problemáticos que precisam ser eliminados.

Qualquer que seja o estágio de desenvolvimento de seu negócio, você sempre se verá envolvido na gestão de pessoas e egos. Tenha em mente que funcionários-problema são como ervas daninhas: se não forem logo arrancadas, crescerão e transformarão o seu jardim em uma selva perigosa. Aqueles que gostam de cultivar sementes da maledicência, da inveja, da vaidade e de outras tribulações precisam ser afastados do convívio no ambiente empresarial. O colaborador de espírito crítico e bom senso costuma ser valioso, mas se outras características negativas se impuserem, nem mesmo as suas qualidades poderão ser aproveitadas.

EVITE O DESPERDÍCIO

O negligente não aproveita bem sua caça, mas o diligente dá valor a seus bens.

(PROVÉRBIOS 12:27)

A temática desse provérbio está relacionada à questão do desperdício, isto é, da pessoa que conquista algo, mas acaba perdendo uma parte por falta de cuidado. Isso pode acontecer tanto por puro desleixo – quando alguém simplesmente abandona ou considera como sobras bens que poderiam ser úteis – como também por má aplicação – um bom exemplo é o da pessoa que até investe os recursos, mas em projetos fantasiosos ou não devidamente estruturados.

Nem sempre um bom empreendedor é também um exímio administrador. Aliás, tenho a sensação de que essas duas características não costumam estar juntas na mesma pessoa. O empreendedor tem muita facilidade para ser criativo, corajoso, ousado, agregador e motivador. Sua energia o faz avançar, conquistar territórios e abrir mercados. Essas mesmas qualidades, contudo, podem ter o efeito indesejado de desatenção quanto a detalhes operacionais e administrativos, desperdiçando parte daquilo que o empreendedor conquistou.

Talvez ele nem mesmo se incomode quanto a isso, pois tem a sensação de que a fonte não secará, de que conseguirá sempre mais. Porém a roda da fortuna continua girando, e então o empreendedor pode dar de cara com uma maré baixa sem estar devidamente preparado, passando por apuros desnecessários. Por isso a vantagem de aproveitar bem a caça, isto é, o fruto do trabalho, é estar cada vez mais tranquilo financeiramente para não correr o risco de essas preocupações dragarem a criatividade, a coragem e a ousadia.

Um interessante exemplo contra o desperdício é o de um rei muito famoso, tão exageradamente rico e poderoso que possuía bens e recursos ilimitados. Apesar de tamanha fartura e infinito acesso a qualquer tipo de riqueza, o rei ainda se mostrava zeloso para evitar o desperdício. Faz ideia de quem seja? Pois bem, trata-se de Jesus Cristo, filho do Altíssimo. Após realizar um de seus milagres, multiplicando cinco pães e dois peixes para que fosse possível alimentar mais de cinco mil pessoas que o seguiam no deserto, teve o cuidado de dizer aos discípulos: "Recolhei os pedaços que sobraram, para que nada se perca" (João 6:12).

Nos dias atuais, o desperdício é capaz de corroer toda a cadeia produtiva da indústria, enfraquecendo o seu potencial. Quem ocupa uma posição em nível de diretoria e não se preocupa com a utilização racional dos recursos do negócio transmite péssimo exemplo para todos os demais colaboradores. Forma-se, então, uma cultura de desperdício, que começa por deixar as luzes e os aparelhos de ar-condicionado ligados, até negligenciar a negociação de descontos com os fornecedores. Para mudar essa cultura é necessário envolver e motivar também os colegas, pois o mundo é colaborativo. Por mais que cada pessoa faça a sua parte para economizar e se preocupe com a própria agenda, vivemos em sociedade e devemos trabalhar em equipe.

Iniciantes no mundo corporativo também precisam demonstrar zelo com os bens da companhia se quiserem galgar postos mais elevados. Ao buscar uma promoção, certamente o bom gestor escolherá aquele que revelar mais interesse em cuidar corretamente dos recursos da empresa, em todos os seus aspectos. Portanto, independentemente de você possuir muito ou pouco, se é dono, diretor ou novo na corporação, o zelo com os recursos o qualifica a ocupar hierarquias superiores.

Hoje em dia, vivemos em um ritmo tão frenético que é cada vez mais comum ouvirmos pessoas se queixarem da falta de tempo para realizar suas atividades diárias. Mas o tempo não cessa o ritmo para ninguém: são 24 horas por dia para todos, exatos 1.440 minutos, ou 86.400 segundos. Uma boa gestão de tempo, portanto, ajuda o executivo a ser mais produtivo e a não desperdiçar energia e oportunidades. Em 1748, Benjamin Franklin escreveu a frase "Time Is Money" (tempo é dinheiro). Provavelmente, você já ouviu essa afirmação, não é mesmo? Com certeza, o diplomata e inventor não tinha noção da popularidade que sua máxima conquistaria. Franklin, na realidade, desejava expressar a importância de não gastar tempo precioso com assuntos sem importância, ciente de que o tempo tanto pode ser investido como desperdiçado. A escolha é nossa.

Para muitos o desperdício de tempo é um problema comportamental, seja pelo uso excessivo de celulares, redes sociais e videogames, seja pelo tempo passado longe dos estudos. Por isso, gerir bem as 24 horas do dia é o grande desafio da contemporaneidade. O escritor Christian Barbosa, no livro *A tríade do tempo*,* uma das obras de referência quando o assunto é produtividade sem estresse, afirma que deveríamos chamar a administração do tempo de administração da vida. Barbosa se baseou em sua própria história para explicar de que modo a gestão de tempo eficaz faz a diferença na sociedade moderna. Com uma agenda organizada, todos conseguem administrar melhor a pressão e as metas dos dias atuais.

---
* BARBOSA, C. *A tríade do tempo*. São Paulo: Buzz Editora, 2018.

Gosto de pensar também no aspecto da energia. Por mais vigorosos que sejamos, todo mundo tem um limite de produtividade diária, então tentar conduzir diversos projetos com excelência ao mesmo tempo exige um nível de energia que talvez não tenhamos. O livro *Essencialismo: A disciplinada busca por menos*, de Greg McKeown, é referência nesse assunto, e o autor aconselha a focar naquilo que é essencial, que faz sentido para sua vida, seu negócio e seus projetos. Aprenda a dizer não para o restante.

Se você tem facilidade para abrir novas frentes em seu negócio, mas pouco tempo ou até mesmo pouca desenvoltura para gerir os frutos resultantes de seu trabalho, procure se cercar de profissionais, sócios e colaboradores que auxiliem nessa questão e então voe no serviço em que acredita ser talentoso. Se não fizer isso, talvez passe a vida enxugando gelo. Lembre-se: saber economizar é tão importante quanto saber ganhar. Quanto menos desperdício houver no seu empreendimento, mais saúde financeira você terá e, consequentemente, mais altos e sustentáveis serão seus voos.

IGNORE AS OFENSAS

> *Quando o tolo é ofendido, logo todos ficam sabendo, mas quem é prudente faz de conta que não foi insultado.*
>
> **(PROVÉRBIOS 12:16)**

Alardear que foi ofendido tem, pelo menos, dois aspectos negativos. O primeiro: você demonstra não possuir o equilíbrio emocional necessário para ignorar e superar as ofensas. O segundo: expõe as fraquezas e as vulnerabilidades que, eventualmente, poderão ser usadas contra você, tanto do ponto de vista pessoal como do profissional.

O provérbio em destaque não diz para não se sentir ofendido, até porque isso é inevitável, mas para não demonstrar isso. Há uma grande diferença. É praticamente impossível termos controle sobre o que nos fere, pois é algo íntimo e inconsciente. Cabe a nós ter autocontrole suficiente para fazer de conta que nada aconteceu e agir com cautela e frieza. Quanto mais conseguirmos praticar esse princípio, mais construiremos uma reputação de um ser humano inabalável, e isso será uma vantagem competitiva no mundo dos negócios.

Quem despreza esse conselho e revela a todos suas ofensas pessoais pode se tornar alvo fácil de provocações e ser manipulado para armadilhas perigosas, nas quais uma simples circunstância pode pôr tudo a perder. A clássica cena do filme *O poderoso chefão* em que o personagem Sonny Corleone é assassinado serve como ilustração. Cientes da dificuldade de autocontrole demonstrada por Corleone, seus inimigos armam para ele uma situação que o conduz à ira; assim, o personagem termina encurralado e morto em uma emboscada.

Reforço que é difícil, senão impossível, escapar de todos os ataques, sejam eles justificados ou não. Pode ter relação com algum ponto de sua história de vida, de seu currículo profissional, de relacionamentos comerciais ou amorosos e assim por diante. Estar imune a eles, na maioria das vezes, foge ao nosso controle. Mas, ainda assim, permitir que pessoas mal-intencionadas se apoderem da informação de onde está nossa fragilidade agrava o prejuízo e nos coloca em risco.

Tenho certeza de que você já ouviu falar na expressão popular "calcanhar de Aquiles", usada para designar o ponto fraco de alguém. No mundo dos negócios, você entra em contato com pessoas inteligentes, estrategistas e controladas emocionalmente, então quando estão conversando ou até convivendo com você, consciente ou inconscientemente estão armazenando informações. Num momento de necessidade ou mesmo por oportunismo – dependendo do caráter –, acabarão por resgatar fatos, circunstâncias, dados e o que for possível para se beneficiar, pouco importando se você será prejudicado. Portanto, não revele seu calcanhar de Aquiles ou, pior ainda, seus calcanhares de Aquiles. Se o seu teto for de vidro, você precisará constantemente evitar conflitos e poderá acabar tendo que fazer concessões que poderão implicar grande prejuízo.

Acompanhei o rompimento de uma sociedade empresarial que havia durado cerca de quinze anos. Mesmo após vários dias de negociação acerca dos haveres do sócio retirante, os tratantes não chegavam a um consenso. Por parte daqueles que ficavam, havia sentimento de injustiça e de ingratidão do sócio que escolhera sair. Já o que saía se agarrava ao que havia sido combinado no contrato e exigia sua participação societária, independentemente de se era justa ou não. Como não chegavam a um termo amigável, passaram a analisar detidamente o contrato social. Os sócios que permaneceriam viram que era possível excluir o outro sócio pagando-lhe uma fração daquilo que exigia como sendo o contratado, mesmo que injusto. Interessante observar que esse mecanismo de exclusão fora arquitetado pelo próprio sócio que estava agora saindo: ele tinha criado a cláusula para excluir outros sócios minoritários. Então, quando se organizaram para seguir com o pedido de exclusão do determinado sócio, surgiram expressamente ameaças em dois pontos sensíveis da sociedade. Resultado: chegaram a um acordo, que provavelmente foi desequilibrado para os que se sentiam injustiçados e insuficiente para o sócio agarrado ao contrato. Mas ambos cederam.

Lembre-se: quem geralmente derruba grandes políticos, homens de negócios e profissionais de sucesso são aqueles que conheceram as suas fragilidades. Se, antes, cônjuges, parceiros de negócios, sócios e colegas eram pessoas de confiança, em determinado momento elas podem, infelizmente, deixar de ser. Então, a depender da conveniência, estando sob forte pressão ou não, elas podem agir com deslealdade e se beneficiar de informações confidenciais. É assim que funcionam as delações premiadas e negociadas junto à área da Justiça. Se a delação for aceita e as informações reveladas consideradas verdadeiras e legítimas, o acusado terá como prêmio uma redução de sua pena. Já o delatado ficará em má situação.

Pessoas próximas podem não remar em seu barco amanhã, pelas mais diversas razões. Não é por outro motivo que, em algumas versões bíblicas, a tradução da parte final do provérbio é escrita assim: "[...] a pessoa prudente ignora o insulto". No original, a palavra hebraica traduzida como prudente é *aurwm*, que também pode significar sutil, sagaz, astuto, matreiro, sensato ou esperto. Em suma, não alardear aquilo que ofende e agir como se nada tivesse ocorrido é algo muito importante no mundo dos negócios.

Há, ainda, outro aspecto a considerar. Quando o ofendido resolve se defender, o motivo da injúria ou da afronta passa a ser, literalmente, de domínio público. Assim, fatos restritos apenas às pessoas envolvidas assumem proporções maiores. Por mais que o atingido se esforce em esclarecer a verdade e dar a sua versão dos fatos, sempre haverá quem a conteste ou vire partidário do lado oposto. É dessa forma que se formam as bolas de neve, que algumas vezes precisam mais do que um verão para derreter.

Por outro lado, se desejarmos retribuir o mal causado levados pela emoção, a sabedoria judaica orienta agir da seguinte forma: "Se tu desejas vingar-se de um inimigo, tu deves aperfeiçoar tuas virtudes e seguir o caminho do bem. Dessa forma, te vingarás automaticamente do inimigo, porque ele ficará irritado com tuas qualidades e consternado com teu bom nome. Porém, se praticares atos impróprios, ele se alegrará por tua infâmia e vergonha, e ao final, ele é que se vingará de ti".

Então, o que fazer? O melhor caminho é esforçar-se em não demonstrar que se sentiu ofendido. Agindo assim, estará ocultando seus pontos fracos e fortalecendo uma imagem de força e temperança, fazendo com que aquele determinado a causar dano desista e parta para uma presa mais fácil, porque saberão que, se forem contra você, depararão com uma fortaleza.

NÃO SE DEIXE ENGANAR

Todos dizem que são bons e fiéis, mas tente achar alguém que realmente seja!

(PROVÉRBIOS 20:6)

Todos aqueles que desejam empreender precisarão desenvolver a habilidade de formar equipes e estabelecer parcerias. Para não se frustrar ou sofrer prejuízos nesses relacionamentos, saber identificar talentos e mapear as pessoas é fundamental.

Tenha consciência de que muitos chegarão se autoproclamando excelentes profissionais, mas, na prática, não conseguirão manter suas promessas, ficando abaixo da expectativa criada. Menos mal se for uma relação em que você não tiver investido muito dinheiro, nesse caso terá sido apenas uma decepção e restará o ganho da experiência. Entretanto, dependendo de quanto recurso e energia foi dedicado, a perda poderá ser grande e, quem sabe, até fatal para o negócio.

Tenho um amigo que resolveu investir numa start-up. O negócio parecia muito promissor. A parte dele seria entrar com os recursos financeiros enquanto os outros três sócios fariam a coisa acontecer. Aquele que se apresentava como pretenso CEO dizia ter um perfil mais comercial e propagandeava excelentes credenciais, pois repetia ter trabalhado em segmento similar e, por isso, conhecia o mercado. Feito o investimento, passaram-se meses e nada, nenhum contrato efetivamente fechado. Eram muitas as possibilidades, porém, resultado mesmo, zero. Para não perder o dinheiro investido, pouco mais de 150 mil dólares, meu amigo teve que colocar a mão na massa, no sentido de usar seus contatos e relacionamentos pessoais, fazer viagens, ligações, cobranças e tudo que estava ao seu alcance para fazer o projeto decolar. Esse caso ilustra bem o provérbio deste capítulo, porque ele recebeu o feedback de um potencial cliente, um amigo, que confidenciou que o CEO – o das habilidades comerciais – não sabia conduzir negociações, faltava-lhe tato e até mesmo humildade.

Na arte de empreender, algo que poderá te levar para muito além de um êxito mediano, mas até mesmo te tornar um multimilionário, é conseguir identificar e desenvolver talentos e habilidades. É enxergar o potencial de quem procura uma oportunidade, ou até mesmo que não está dando o resultado esperado em determinado setor, e perceber que em outra área, num contexto com exigências diferentes, essa pessoa poderá romper a mediocridade e descobrir o melhor dela mesma. É a tal da história de transformar diamantes brutos em preciosas joias. Além da gratidão e lealdade que geralmente tais pessoas terão com você, ainda terá o ganho financeiro, porque elas te custarão muito menos do que um funcionário que já venha pronto e consciente de suas qualidades.

A internet e as redes sociais são bons exemplos de ambientes repletos de pessoas mentindo por tentar transmitir qualidades que não possuem. Reversamente, já houve até quem se dedicasse a desmascarar os truques que influenciadores e falsos empreendedores usam para fingir riqueza nas redes sociais, além de apontar pessoas fingindo ser o que não são. Elas fazem isso exibindo carros, acessórios de grife e, principalmente, um estilo de vida milionário e reluzente. Fazem todo tipo de simulacro a fim de obter diferentes formas de favorecimento, como vender cursos e mentorias ou frequentar locais exclusivos. Não são poucos os exemplos de quem pareça tão bom, eloquente e articulado que muitos acreditem estar diante de alguém realmente excepcional. Eu não me refiro somente a quem fala a respeito de si mesmo ou exagere ao divulgar os resultados de seus negócios, mas, também, de indivíduos que transcorrem a respeito de qualquer tema, sempre transmitindo a falsa impressão de serem especialistas no assunto, verdadeiros gênios, mas apenas da enganação e do plágio. Às vezes, esses bravateadores são tão convincentes em seus discursos que conseguem obter vantagens e até galgar cargos de confiança em instituições públicas ou privadas. Todavia, ao serem colocados à prova, acabam por apresentar resultados pífios e dificilmente atingem as metas esperadas.

Há casos em que as pessoas não estão intencionalmente agindo de má-fé, mas apenas são iludidas acerca de si mesmas, de suas reais capacidades e habilidades. Outros, evidentemente, atuam de caso pensado, pois sabem que sempre haverá quem caia em sua conversa e se deixe levar pelas aparências.

O provérbio não diz ser impossível existir quem seja bom e fiel, porque existem muitas pessoas excelentes no mundo. Mas ele lança, no entanto, dois alertas: não se deixar enganar pelo autoelogio e pela dificuldade de encontrar os verdadeiramente bons. De fato, somos todos alvos fáceis, pois muitas vezes a nossa vontade de encontrar alguém de alta performance é tamanha que, ingenuamente, nos permitimos ser iludidos por aqueles com más intenções ou que simplesmente possuem menos capacidade do que acreditam possuir.

Do ponto de vista da carreira profissional, dizer-se melhor do que de fato se é atrapalha o próprio progresso, uma vez que, ao vender uma falsa percepção aos superiores ou contratantes, criam-se expectativas que não serão atingidas. Cuidado com currículos relatando habilidades ou competências exageradas ou falsas. Muitas empresas, no entanto, entenderam que preencher uma vaga é ação estratégica para os negócios e que uma contratação equivocada reflete em prejuízos para a companhia. Por essa razão, os processos seletivos estão cada vez mais apurados, confrontando dados, referências e documentos. Sabe o que acontece com quem diz ser o que não é? De duas uma: acaba demitido ou pede para sair. A recomendação é que todo profissional tenha consciência do seu nível de desempenho e nunca se gabe a respeito de experiências que não possui. Falhar em dizer a verdade pode ser fatal.

    O equilíbrio está em buscar uma visão correta a respeito dos outros e de si mesmo. Qualidades que sempre são bem quistas e buscadas são a humildade e a vontade de aprender. Alguém inteligente, com boa formação e caráter, caso se esforce, poderá rapidamente desenvolver quase qualquer função com qualidade. Por isso, fique atento em desviar-se dos garganteadores e se esforce em encontrar talentos. Tendo sucesso nisso, seu futuro como empreendedor será promissor.

EVITE BRIGAS DESNECESSÁRIAS

Não acuse alguém sem motivo se ele não fez nenhum mal a você.

(PROVÉRBIOS 3:30)

Existem pessoas que parecem ter prazer em brigar, em entrar em discussões inúteis e desnecessárias. A orientação do provérbio é justamente para evitarmos esse tipo de conduta em nossas vidas. Observe bem, o trecho não diz para nunca brigar, mas para fugir das contendas sem motivo.

Eu participo de vários grupos e me espanto com como existem pessoas que entram, inutilmente, em uma bola dividida. Talvez o motivo delas fazerem isso seja o breve prazer de expressar a própria opinião, ainda que essa se choque com a de outra pessoa e inicie um conflito.

Empreender por si só já é uma arte que demanda grande foco e determinação. Lidar com colaboradores, fornecedores e clientes não é fácil. Estar atento ao mercado, às tendências e aos concorrentes exige bastante energia. Se você quiser ser um líder no seu ramo de atuação, se pretende ser referência, terá batalhas suficientes para enfrentar, então, evite contendas das quais você nada ganhará e, na verdade, perderá, porque desperdiçará energia e tempo.

Uma nuance desse provérbio é a questão da proporcionalidade. Não deixe que qualquer motivo seja suficiente para embarcar em litígios. Pense que um leão jamais se incomodaria se uma formiga caísse da folha de uma árvore em cima de sua cabeça.

Não ficaria irritado, tampouco arranjaria briga. Isso porque a força dele é tão desproporcionalmente maior, que seria uma situação ridícula.

Perdi a conta das vezes em que motociclistas já acertaram o retrovisor ou o para-choque do meu carro e eu simplesmente desci para dar uma olhada se ocorreu algo mais preocupante, para então continuar em meu caminho. Minha esposa até reclama de eu nunca entrar com uma ação judicial contra empresas que não cumprem com o prometido. Salvo se for algo muito grave e danoso, prefiro estar focado em atender meus clientes e perseguir meus objetivos.

Para tentar refrear o demandismo, isto é, o excesso de ânimo em processar, no Poder Judiciário existe um nome para isso: mero aborrecimento. Quando, mesmo diante do erro do réu, o juiz entende que a situação não é grave o suficiente para justificar condenação por danos morais, então julga improcedente o pedido, reconhecendo ser o caso de um mero aborrecimento.

Ainda há outro aspecto ruim de brigar desnecessariamente. Esse aprendi na prática quando era mais jovem e cabeça quente. Eu tinha cerca de vinte anos de idade e um senhor me fechou no trânsito. Acho que ele fez de propósito ou foi muita falta de atenção. O sangue ferveu na hora, ultrapassei ele e, como já fazia faculdade de direito e sabia que quem bate atrás está errado, comecei a frear bruscamente para tentar provocar um acidente. Fiz isso algumas vezes e quase paramos o carro para brigar. Loucura. Hoje, me envergonho da minha atitude, mas infelizmente fiz isso. Cerca de uns dez anos depois, já advogando, estava no fórum para participar de uma audiência e o cliente esperava uma testemunha, que para mim poderia ser um potencial novo cliente. Nos apresentamos e depois de algum tempo ele perguntou se eu lembrava do fato que relatei acima. Disse que sim, então ele falou que era aquele senhor do outro carro. Que constrangimento. Disfarçamos e nunca mais nos falamos.

Às vezes, num grupo de mensagens ou numa rede social, você pode entrar num embate com alguém cuja opinião é diferente da sua, mas apesar dessa divergência, o seu, digamos assim, oponente, pode ser uma pessoa incrível e agradável, com quem você gostaria de ter um relacionamento profissional ou até pessoal. Porém, por causa daquele despretensioso debate, você criou uma barreira que talvez não seja superada e impedirá a aproximação de ambos. Além do mais, você transmite uma imagem de briguento, e geralmente não queremos conviver com pessoas assim. Ou seja, brigar por nada ou mesmo por pouca coisa só tem consequências ruins.

CUIDADO COM OS COMPROMISSOS JURÍDICOS

Filho, você é fiador de alguém?

(PROVÉRBIOS 6:1)

Pessoas que têm a pegada empreendedora querem sempre trabalhar, produzir, conquistar e contribuir. Mas esse ímpeto realizador pode levar ao descuido com as burocracias e formalidades que a vida profissional exige. Um imposto não pago, um contrato não formalizado ou feito com desatenção, são situações comuns e podem levar o empreendimento à ruína ou impor severos prejuízos a ele.

Quando esse provérbio foi escrito, ser fiador de alguém representava grande risco jurídico até mesmo à liberdade própria e da família. Atualmente, a fiança continua sendo perigosa, mas há diversas outras situações de perigo que podem levar a uma escravidão econômica.

Certa ocasião, um amigo empresário estava fascinado com um projeto de expansão de seu comércio e, para viabilizar recursos, acabou pegando dinheiro emprestado de uma instituição financeira e apressadamente assinou um contrato terrível, com cláusulas injustas e abusivas! Passados alguns meses, seu negócio até vendia consideravelmente bem e tinha tudo para ser reconhecido como um sucesso, mas simplesmente não havia lucro, não sobrava dinheiro. Descobriram que a margem de lucro estava sendo engolida pelos juros, taxas e cronogramas de repasse financeiro impostos no contrato de empréstimo. O empresário avaliou buscar o Poder Judiciário para uma revisão contratual, mas a jurisprudência específica aplicável a seu caso era bastante desfavorável. Então, durante cerca de três anos, foi praticamente escravizado pelo banco, tendo que vender como nunca havia feito e ainda assumir riscos tributários perigosíssimos para conseguir honrar o contrato de financiamento.

A orientação desse provérbio é sobre a importância de não assumir compromissos que tenham a capacidade de colocar em grande risco nossa liberdade e capacidade financeira. Às vezes, é preferível deixar passar uma oportunidade de negócio para manter a reputação e a liberdade jurídica e econômica intactas.

Vale lembrar que outras formas de compromisso, como contratos de sociedade, de franquia, de empréstimos, de representação e de prestação de serviços, quando elaborados de maneira leonina, representam risco não apenas para a carreira e a atividade profissional, como também para o núcleo familiar. Basta observar o quanto a falta de dinheiro, as dívidas e as preocupações jurídicas afetam a harmonia do lar, levando a brigas conjugais e divórcios. Eu sugiro que você não descanse até se livrar de riscos financeiros, seja por meio de rescisão, revisão ou quitação dos contratos. O importante é sair de uma posição exageradamente perigosa para garantir a sua liberdade e a paz de espírito.

Um conselho é contar com a assessoria de bons e confiáveis advogados. Periodicamente explique para eles os negócios nos quais está envolvido e peça uma orientação sobre potenciais riscos jurídicos. Um ponto para você se atentar: até mesmo relações verbais, em que não há qualquer contrato escrito, podem ser fatais para um negócio, uma empresa ou uma reputação. Conheci um jovem talentoso, que trabalhou sem qualquer contrato formalizado numa empresa que não pagava os impostos para a Receita Federal e tampouco as contribuições previdenciárias dos colaboradores registrados. Então, numa fiscalização dos órgãos pertinentes, o estabelecimento foi autuado e todos os funcionários não registrados, mas que atuavam na prospecção de clientes, foram incluídos como devedores solidários da milionária dívida fiscal, por terem sido enquadrados como grupo econômico. Foram longos anos de estresse e gastos altos para conseguir reverter a situação nos tribunais.

Neste ponto talvez você tenha, ainda, uma dúvida bastante pertinente: "Não devo afiançar nem mesmo um bom amigo ou meu colega de trabalho?". A minha resposta a essa pergunta é bastante simples: analise de maneira prática e realista se você tem condições de assumir o compromisso proposto e quão intensamente ele te afetaria. Ainda que, em determinado momento, exista confiança e cumplicidade entre os amigos, com o passar dos anos as pessoas podem mudar seus interesses e objetivos. Isso faz parte da vida. Várias razões levam a essas mudanças, tais como novas amizades, paixões, negócios, doenças, acidentes. Você não tem controle sobre todos os aspectos que envolvem a vida do outro, mesmo se esse outro é alguém íntimo e confiável. Ajude seus amigos sempre que puder, faça uma doação se for o caso, mas deixe o seu valioso nome e sua liberdade jurídica de fora.

Apesar de a Bíblia também recomendar que façamos caridade e ajudemos ao próximo, até para isso existe limite, pois não se deve fazer a ponto de você mesmo se tornar um necessitado da ajuda alheia. Esteja sempre disponível para ajudar quem precisa, mas se lembre de preservar também seus próprios interesses e de sua família. Aprenda a arte do equilíbrio. Deus conhece seu coração, por isso, seja generoso, mas também cauteloso.

APRENDA COM SEUS ERROS

Quem é repreendido muitas vezes e teima em não se corrigir cairá de repente na desgraça e não poderá escapar.

(PROVÉRBIOS 29:1)

Uma das mensagens centrais da Bíblia é o chamado ao arrependimento. Isso envolve a correção de seu caminho baseada na mudança das atitudes e na forma de pensar e de crer, tudo isso, sempre que possível, acompanhado da reparação dos danos causados. Esse provérbio aborda esse assunto sob a ótica de um aviso: se não mudar de conduta, em algum momento a renovação não será mais possível, pois a desgraça terá chegado. É um alerta muito contundente que tem relação com o princípio da colheita e da semeadura. Cada um colhe o que planta. Havendo conserto no rumo que se está dando à vida, é possível neutralizar as consequências do que foi praticado, porque, diante de um coração completamente arrependido, Deus pode revogar decretos que trariam consequências funestas das más condutas.

O astrônomo e comentarista bíblico Ibn Nachmiash, que viveu no século XIV, escreveu o seguinte provérbio: "Um homem que é castigado e não percebe que foi Deus quem enviou a ele os sofrimentos, 'endurecendo o pescoço' e acreditando ser o resultado do acaso, será 'quebrado e sem cura'".* Ou seja, a pessoa fecha os olhos para os alertas, endurece o coração e reputa tudo a coin-

---

* WASSERMAN, A. *O Livro dos Provérbios:* Com comentários. São Paulo: Maayanot, 2020, p. 200.

cidências ou ao acaso quando, depois de muita paciência, Deus permite que todas as consequências de seus atos sejam efetivamente aplicadas. "Homens são como tapetes; às vezes precisam ser sacudidos", compara um conhecido ditado árabe.

Nas relações profissionais essa é uma realidade a que se deve ficar atento. É o caso, por exemplo, das reclamações ignoradas de clientes. Quando se percebe, o mercado está fechado para o seu produto ou serviço. Ou quando o empregador aponta onde há necessidade de mudança, mas ao não perceber empenho sincero na melhora, mantém o profissional no cargo esperando o momento ideal para substituí-lo. É o parceiro comercial que mesmo não se sentindo confortável em falar abertamente, ainda assim dá umas dicas de onde está vendo erros e necessidades de melhorias. Enfim, são várias as situações em que a falta de esforço em corrigir o que está ruim coloca a pessoa ou o negócio em situação de iminente risco quando o despertar acontece tarde demais.

Os erros devem ser encarados como oportunidades para o aprimoramento, buscando compreender o que de fato ocorreu, se foi um erro pontual ou estrutural. No primeiro caso provavelmente houve falha humana, situação que pode ser resolvida com treinamento, substituição de funcionário ou simples advertência para que haja mais atenção. No segundo caso é necessário identificar os gargalos, avaliar o risco da repetição e os impactos gerados, para então adotar as medidas necessárias e evoluir. É imprudente ignorar as falhas e achar que o tempo resolverá tudo, pois elas podem, em algum momento, se juntar a diversos outros problemas e se transformar num monstro avassalador.

Repetir os erros, no entanto, significa desperdiçar a oportunidade de aprendizado que teve na primeira vez. Em outras palavras, é importante usar o erro como fonte de fortalecimento, sempre com vistas ao próximo acerto. Por isso o dito popular: "Errar é humano, repetir o erro é burrice".

Não é incomum encontrar histórias de jovens empresários que, por falta de maturidade, orientação ou pura teimosia, desperdiçaram as chances recebidas. Com apenas 21 anos de idade, o programador norte-americano Andrew Thompson, mais conhecido como Andrew Fashion, tinha tudo: carros esportivos de luxo, imóveis, viagens, festas e US$ 2,5 milhões no banco. Ele desenvolveu uma ferramenta que ajudava os internautas a personalizar suas páginas no extinto aplicativo MySpace. Pouco menos de um ano depois, ele já tinha ido à falência ao gastar sua renda como se não houvesse amanhã. Depois de alguns anos vivendo em uma montanha-russa financeira, Andrew reconheceu os erros do passado e passou a levar o seu talento como programador a sério. Desenvolveu um aplicativo para viajantes e um website em que relata a sua história e importância de reencontrar o equilíbrio.

Algumas vezes, na Bíblia, observa-se que Deus deixa algo de errado se repetir e não age, postergando ao máximo as consequências, concedendo ainda mais oportunidades de correção. Contudo, existe um basta, quando Ele lança a medida de iniquidade (Gênesis 15:16). Nela os erros transbordam sobre os méritos e, então, tudo se desencadeia rapidamente, sendo impossível interromper o fluxo. É semelhante a quem se joga do alto de um edifício. Até atingir o solo, pode-se ter a sensação de tudo estar bem. Porém, não importa a altura da queda, a consequência será repentina e fatal. A frase de Martin Luther King resume bem essa noção de urgência em corrigir uma rota equivocada: "Hoje é sempre o dia certo de fazer as coisas certas, de maneira certa". Pense nisso!

SINCRONIZE-SE COM AS TECNOLOGIAS

Quem não põe um animal para puxar o arado colhe bem pouco, mas aquele que põe colhe muito.

(PROVÉRBIOS 14:4)

Você consegue imaginar como seria a sua vida, hoje em dia, sem realizar reuniões por videoconferência, trocar mensagens por aplicativos, realizar compras em lojas virtuais, se comunicar com fornecedores por e-mail e fazer pesquisas diretamente em buscadores on-line? Essas e outras ações só se tornaram possíveis com o advento da internet. Quando surgiu, essa grande rede de conexões globais era utilizada, sobretudo, para fins acadêmicos. Muito rapidamente, ela passou a ser vista como ferramenta indispensável para facilitar o dia a dia de pessoas e aumentar a produtividade das empresas. Renunciar às ferramentas digitais representaria, atualmente, um enorme retrocesso, uma falta de noção. É esse o alerta que nos faz o enunciado deste capítulo: use as tecnologias a favor de seu negócio!

Quem hoje vê avanços como GPS, sensores para irrigação, veículos aéreos não tripulados sobrevoando grandes lavouras etc. talvez não imagine que a realidade do campo, no passado, era completamente diferente. Na época em que foi escrito o Livro de Provérbios, usar a força dos animais equivalia a trabalhar com inteligência e organização. Os animais eram a tecnologia disponível e, de fato, eles favoreciam consideravelmente quem podia contar com a vantagem da tração animal. Trazendo esse raciocínio para a atualidade, é esse o papel dos mais variados robôs e softwares contemporâneos bem programados e gerenciados, as chamadas IAs (Inteligências Artificiais).

Assim, cabe ao empreendedor antenado avaliar se as tecnologias disponíveis são compatíveis com seu negócio e seu trabalho e, caso essa resposta seja positiva, não existe razão para deixar de lado tais recursos, sob pena de ficar para trás. Uma boa solução de IA, por exemplo, envolve um agrupamento de várias tecnologias, como redes neurais artificiais, algoritmos, sistemas de aprendizado, entre outros, que conseguem simular capacidades humanas ligadas à inteligência de maneira mais rápida e efetiva. Deve-se ficar muito atento, no entanto, ao fato de que nem sempre o uso dessas soluções e novas ferramentas é o caminho ideal. Antes de adquiri-las, você deve analisar uma série de fatores, levando em conta os prós e os contras de sua adoção. Perceba que o provérbio aqui apresentado faz referência justamente ao trabalho bruto, mecânico e repetitivo em que as habilidades humanas são, de fato, dispensáveis. Essa lógica não pode ser aplicada, portanto, a toda e qualquer atividade. Delegar às máquinas aquilo que é humano, em alguns casos, pode até mesmo ser uma escolha ruim. Naquilo que é manual, repetitivo, que não exige atividade cognitiva, tampouco tomada de decisões cruciais, não há razão para desprezar o uso de tecnologia. Afinal, esse seria um desperdício de sua capacidade criativa.

Em algumas áreas de produção, por outro lado, pode não ser nem ruim nem bom, mas uma simples questão de ajuste ao modelo de negócio. Imagine a área da indústria têxtil. Um caminho é a automação continuada, ganhando em escala e reduzindo custos, especialmente na produção em massa. De outro lado está a produção artesanal, resultando em um produto de maior custo, porém com maior valor agregado, justamente por ser resultado da intervenção humana direta. É o caso das roupas produzidas pelas *haute couture*, a alta-costura. Esse termo refere-se à criação, em escala artesanal, de modelos exclusivos feitos sob medida, que exigem alto rigor técnico e são confeccionados estritamente à mão. Geralmente são vestidos, casacos ou itens de alfaiataria usados em eventos de gala e no tapete vermelho. Atrizes muito famosas costumam desfilar marcas como Dior, Chanel, Givenchy, por exemplo. Tentar modernizar a produção dessas peças únicas por meio de máquinas, evidentemente, não seria uma boa ideia. Por outro lado, nada impede que seus estilistas façam uso de softwares para avaliar, previamente, cores, estampas e padronagens.

Em meu empreendimento, até alguns anos atrás, tinha um setor com seis pessoas. A tarefa delas era recortar de um arquivo PDF uma determinada informação e lançar num sistema. Quanto mais contratos tínhamos, mais crescia a necessidade de pessoas para fazer isso. Após a implantação de um sistema, isso passou a ser feito por software e há apenas um colaborador para os casos em que a máquina não identifica exatamente as palavras-chaves programadas. Isso representou ganho financeiro a médio e longo prazos, além de ter reduzido as possibilidades de falhas. Na área de atendimento ao cliente, contudo, não tivemos o mesmo êxito. Ao tentar automatizar respostas automáticas para tirar dúvidas dos clientes imediatamente, por mais que pensássemos nas variáveis possíveis, sempre havia uma pergunta diferente. Isso fazia disparar reclamações devido à falta do contato humano. Tivemos que retroceder e manter o atendimento com inteligências humanas.

Desse modo, a recomendação não é simplesmente usar as ferramentas disponíveis em todas as fases da produção ou em qualquer modelo de negócio, e sim avaliar a sua compatibilidade e os ganhos e perdas envolvidos. Antes de aceitar ou descartar recursos à sua disposição, verifique se eles estão, de fato, alinhados à visão e ao propósito de sua carreira ou de seu empreendimento, e então prospere em larga escala!

DESENVOLVA-SE NA ARTE DA CONVERSAÇÃO

A resposta delicada acalma o furor, mas a palavra dura aumenta a raiva.

(PROVÉRBIOS 15:1)

Dentre as mais importantes habilidades no ambiente de negócios está a de saber conversar. Considero isso uma arte. Falar a palavra certa, no momento certo, com a entonação correta exige sensibilidade, empatia e percepção. É preciso estar atento ao que está acontecendo, ao que está sendo dito por outros e as reações dos interlocutores. Não importa se você é um grande empreendedor ou um iniciante, comunicar-se com eficiência, além de abrir oportunidades, evita perdas.

Sou sócio de um empreendimento imobiliário que começou exigindo muito do talento em desarmar as pessoas e convencê-las de um projeto bastante vantajoso para todos os envolvidos. Há alguns anos tivemos contato com uma família possuidora de uma grande área de terras considerada zona rural, mas que por causa do crescimento da cidade acabou se tornando urbana. Vimos o local perfeito para um loteamento, condomínio ou o que mais alguém quisesse empreender. O problema era que se tratava de herança, e entre os herdeiros havia brigas e desconfianças, e eles praticamente não se falavam. Depois de muitas conversas, altos e baixos, concessões e avanços, conseguimos alinhar todos os interesses e tornar a área contratualmente viável para buscar investidores. Hoje é uma realidade, mas foi necessária grande maestria na forma de conversar com os herdeiros, cônjuges, filhos e advogados para afastar os obstáculos e combinar o melhor para todos.

Bons profissionais não somente devem ter a habilidade de administrar equipamentos e recursos financeiros, como também precisam ter desenvoltura em gerir pessoas. No entanto, isso pode ser uma tarefa complicada, porque significa gerenciar emoções e sentimentos nem sempre positivos. Eventualmente surgem os conflitos e os nervos à flor da pele. Eu mesmo tenho cerca de oitenta colaboradores diretos em minha empresa principal, além de ser sócio em outros projetos embrionários, e percebo que grande parte de minha energia é para tratar de questões relacionadas aos relacionamentos entre os funcionários e afins. Teoricamente bastaria que cada um fizesse aquilo para o qual foi contratado, mas, na prática, não é bem assim. Há as frustrações, os egos, as vaidades, a preguiça, a falta de empenho etc. E, para lidar com tantas situações e estabelecer um ambiente de convivência harmoniosa e produtiva, uma das mais importantes ferramentas é o diálogo.

Uma recomendação que dou é tentar eliminar o quanto antes as desavenças, não confiando que o tempo irá fazer o mal-estar cair no esquecimento. Isso pode até acontecer, mas depende muito dos perfis psicológicos dos envolvidos. Em muitos casos, a raiva pode ficar adormecida e dar lugar ao ódio e ao rancor, sentimentos mais complexos de processar. Se não for possível resolver na mesma ocasião, é necessário ter sensibilidade para identificar o melhor momento para retomar o assunto antes que as emoções negativas criem raízes e assumam o controle.

Em um ambiente de negócios, a falta de tato na comunicação compromete o trabalho e as chances de progredir. O mais comum é que os envolvidos em celeumas partam para ataques mútuos. Sabe o que acontece a seguir? O que começou por causa de questões insignificantes adquire proporções gigantes e, infelizmente, às vezes fatais, não só para o corpo de funcionários, mas para relacionamentos, amizades e negócios. Por isso, deve haver cautela redobrada em temas sensíveis. Tenha em mente, a corda rompe somente quando ela é tencionada dos dois lados. Ou, conforme o dito popular: "Quando um não quer, dois não brigam". Assim, se por parte de um dos envolvidos existir flexibilidade, liberalidade e cedência, o conflito poderá ser evitado.

Outro importante caminho para prevenir desdobramentos ruins é agir com empatia, colocando-se no lugar do outro, de modo a tentar entender o seu ponto de vista. Essa simples reflexão pode mudar o rumo de uma situação antes mesmo de ela se tornar conflituosa. Observe que gestores agressivos, casos de insubordinação, desentendimentos entre funcionários e falta de cooperação nas equipes são exemplos de conflitos interpessoais frequentes no dia a dia das empresas ocasionados, geralmente, pela falta de inteligência emocional (IE). Esta impacta positivamente na resolução pacífica e eficaz dos problemas de relacionamento. Para Daniel Goleman, autor do livro *Inteligência emocional* (1995), ter IE significa ser capaz de identificar os nossos próprios sentimentos e os de outros, além de gerir bem as emoções dentro de nós mesmos. Para tanto, é necessário construir resiliência, aumentar a autoconfiança e aprender a lidar com as pressões.

Eu bem sei que é necessário grande controle emocional para praticar a resposta branda, mas é recompensador numa situação conflituosa ver a raiva inicial de alguém que é abordado de forma delicada, empática e sensível se esvair até desaparecer ou, pelo menos, diminuir a um nível que, inicialmente, parecia impossível. Por outro lado, aquele que devolve a fúria com palavras duras, como diz o provérbio, terá diante de si todos os elementos para uma grande confusão.

É normal um cliente, fornecedor ou parceiro comercial ficar irritado quando ocorre alguma insatisfação, seja por mau atendimento ou por decepção com produtos, pagamentos ou diversos outros motivos. Em momentos de estresse, o recomendado é não espelhar o comportamento nervoso. Seja tolerante, cordial e fale com um tom de voz ameno. No livro *Vivendo a comunicação não violenta* (2019), o psicólogo norte-americano Marshall B. Rosenberg se propõe a aprimorar os relacionamentos interpessoais e diminuir a violência no mundo. Ele incentiva uma Comunicação Não Violenta como forma de desenvolver relações mais positivas e livres de conflitos.

Quando você se desenvolve na arte da boa conversação e incentiva isso nas pessoas ao seu redor, os conflitos diminuem e todos podem focar as energias e a atenção no desenvolvimento e concretização de projetos, na conquista de mais clientes, no aperfeiçoamento dos produtos e serviços. Certamente, é mais motivador e agradável.

SINTONIA DE PROPÓSITO

O apetite faz o homem trabalhar com vontade, pois ele trabalha para matar a fome.

(PROVÉRBIOS 16:26)

Nada melhor para impulsionar alguém ao trabalho do que a necessidade e o desejo. Costumo dizer em palestras que gosto de trabalhar com dois tipos de pessoas: aquelas que possuem muitas dívidas – e querem pagá-las – e as que sonham em prosperar. Quem persegue uma dessas metas, muito provavelmente não precisará ser constantemente motivado. Seguramente, vai trabalhar com foco, sentir-se responsável pelo negócio, até mesmo adotar uma mentalidade empreendedora. O anseio sincero em viver no azul ou enriquecer financeiramente costuma ser empurrão suficiente. Cabe ao líder indicar o caminho e oferecer boas condições. O nobre escritor cearense José de Alencar sintetizou com maestria esse pensamento: "O sucesso nasce do querer, da determinação e da persistência em se chegar a um objetivo. Mesmo não atingindo o alvo, quem busca e supera obstáculos, no mínimo fará coisas admiráveis".

Conversando com um grande empreendedor amigo, questionei sobre como ele fazia para ter menos conflitos internos na equipe de sua empresa – ele tem uma centena de colaboradores diretos – e meu amigo disse que, entre outras coisas, procura admitir na equipe pessoas com um mesmo objetivo de vida, que querem crescer, prosperar e tenham a mesma sintonia de valores. Quando todos buscam isso, esforçam-se continuamente em atingir alta performance, agem proativamente na prevenção de problemas e na melhoria dos serviços. Apesar de ser algo óbvio e de eu saber da relevância, nunca tinha me atentado para a importância de ter isso como princípio nas contratações. Até então, avaliava os candidatos segundo as habilidades técnicas, sem dar tanta atenção para esses aspectos que ele comentou. Quando passamos a prestar mais atenção a essas características pessoais, realmente nosso negócio ficou mais leve e fácil de ser conduzido.

Reconheço que, embora o excesso de ímpeto seja ruim e até perigoso para os negócios, por outro lado, é preciso despender muita energia para engajar um profissional ou um time inteiro a trabalhar com garra, determinação, bater metas e encarar desafios. Se eles não tiverem ambições ou necessidades, torná-los proativos, motivados e empenhados é um fardo muito pesado, talvez até impossível de carregar.

No provérbio em epígrafe, duas circunstâncias fundamentais turbinam o empenho para o trabalho: o apetite e a fome. Enquanto o apetite se relaciona à vontade e ao querer mais, remetendo a alguém que já possui o básico, mas deseja progredir, a fome se conecta ao mais elementar instinto de sobrevivência e, diante dessa circunstância, as pessoas podem fazer coisas inimagináveis. Adélia Prado, poetisa, filósofa e contista festejada, autora do livro *Coração disparado* (vencedor do Prêmio Jabuti, em 1978), escreveu: "Eu não quero a faca e o queijo. Quero a fome". Isso confirma como o apetite, a vontade, é um forte motivador.

Alguns autores consideram que as pessoas podem ser levadas ao empreendedorismo movidas pelo senso de oportunidade, enquanto outras empreendem pela necessidade. Independentemente do impulso inicial, de modo geral se espera que o quanto mais desejarem alcançar a abundância, mais se dedicarão ao trabalho. Contudo, isso não acontece como regra, pois infelizmente há muitos que permanecem inertes mesmo diante de necessidades, vivendo num estado de letargia, talvez na esperança de que alguém faça algo em seu lugar.

A realidade é que muitas pessoas afirmam querer ser prósperas, mas nada fazem na prática para alcançar isso, porque limitam-se a sonhar e a admirar o que outros já possuem. Sonham grande, porém não conseguem se manter firmes em seus objetivos. Esse tipo de profissional pula de galho em galho, de emprego em emprego, sem desenvolver uma carreira sólida. Ele espera alcançar o sucesso deitado numa rede.

O empreendedor sábio rapidamente descobre que deve se afastar de quem vive num eterno tanto faz, para os quais você pergunta "Como está aquele projeto?" e ele responde "Tá indo..." Funcionários dessa categoria devem ser alocados em atividades menos estratégicas da empresa, sob pena de prejudicarem o progresso do negócio. Para as posições mais relevantes, deve-se buscar quem possui sonhos e procura, diligentemente, se dedicar a realizá-los. Certamente, os ambiciosos ficarão felizes quando, por exemplo, receberem mais responsabilidades e novos desafios, pois enxergarão tudo como oportunidade de crescimento.

Por isso, o empreendedor deve estabelecer valores e metas objetivas para seu negócio, transmitindo-as claramente para sua equipe e admitindo apenas aqueles alinhados a eles. Isso estabelece uma conexão poderosa entre os colaboradores, pois um time em que todos perseguem um objetivo bem definido torna-se uma poderosa máquina de realização.

ABRA SUA MÃO E ATRAIA PROSPERIDADE

Sempre que puder, ajude os necessitados.

(PROVÉRBIOS 3:27)

Ensinam os rabinos que a prosperidade do povo judeu se deve, em boa parte, à obrigatória prática de assistência aos necessitados, chamada *tsedacá*, que costuma ser estudada dentro de temas relacionados às finanças. Ajudar os pobres, segundo esse preceito, tem o poder de atrair prosperidade por estar alicerçado no princípio da medida por medida, denominado *midá kenégued midá*, na qual os céus se movem em nosso favor na mesma forma e medida em que agimos com os nossos semelhantes. Nesse sentido, quem é generoso em ajudar financeiramente as pessoas carentes receberá dos céus proporcional generosidade financeira. Portanto, se formos muito criteriosos e resistentes em socorrer a quem precisa, o mesmo nível de exigência nos será cobrado.

Há alguns anos, escrevi um livro chamado *Tsedacá: O propósito da prosperidade*, e nele explico detalhadamente como funciona o princípio judaico da *tsedacá* e como ela pode ser vivida e praticada por cristãos. A prática da *tsedacá* implica destinar entre 10 e 20% da renda para ajudar a quem passa por necessidades. Não se confunde com o dízimo entregue às igrejas, porque a destinação deve ser exclusivamente às pessoas carentes, podendo ser feita de diversas maneiras. Pode contribuir regularmente com instituições de caridade e projetos sociais. Ou então, ajudar diretamente as pessoas comprando cestas básicas, pagando tratamento de saúde, ou mesmo na rua ou em semáforos. É você quem escolhe. O mais importante é observar o binômio necessidade e capacidade. De um lado, deve procurar ajudar apenas quem realmente está precisando de ajuda, sem julgá-la por estar naquela condição. Por outro lado, a ajuda deve ser proporcional às suas condições. Se você tem muitos recursos, suas contribuições devem ser igualmente abundantes. Ajudando uma pessoa com o suficiente para atendê-la naquela necessidade, ajude outra. O que os céus mais observarão é a generosidade de seu coração e a sua efetiva atitude.

Não se deixe levar por pensamentos como "tenho tão pouco que minha ajuda é insignificante". Lembre-se das palavras de Madre Teresa de Calcutá: "O que eu faço é uma gota no meio de um oceano. Mas, sem ela, o oceano será menor". Ao ajudar também há uma reciprocidade, porque o doador e o receptor são beneficiados. Ainda que a quantia seja pouca para a necessidade de quem está recebendo, pode ser que para quem está doando seja um grande esforço e, por isso, estará fortalecendo em si mesmo a característica da bondade e do amor ao próximo, além de atrair proporcional bênção do céu.

Não se esconda no fato de estar financeiramente desorganizado e, por isso, não ter condições de ajudar, usando como desculpa o provérbio que diz para ajudar "sempre que puder". Isso não deve ser interpretado como argumento para nada fazer em favor dos pobres, pois a Bíblia orienta a agirmos como bons e fiéis mordomos na administração dos bens materiais temporariamente confiados a nós.

Muitos ricos já perceberam que obras sociais geram bons retornos, como Bill e Melinda Gates, que fundaram uma organização filantrópica chamada The Giving Pledge, que busca incentivar os portadores de grandes fortunas a realizar doações para a caridade.

Também há incontáveis casos de empreendedores em pequenos negócios de coração generoso, que efetivamente ajudam os outros. Os donos de padaria que auxiliam moradores de rua. Os profissionais liberais que fazem atendimentos gratuitos. Os consultores que orientam quem está tentando se firmar no mercado, mas não possuem condições de pagar treinamentos e acompanhamentos. Ainda que não percebam tão claramente ou não reconheçam um retorno direto e mensurável, todos esses genuínos atos de amor ao próximo que praticam em favor dos necessitados, de alguma forma, retornam em seu benefício.

Observar os princípios divinos garante o favor dos céus, pouco importando a crença ou a religião professada. Aliás, esse é o motivo pelo qual existem muitos que se dizem ateus ou não praticantes de qualquer religião e que, ainda assim, são ricamente abençoados em certos aspectos da vida. Ou seja, a lei da colheita e da semeadura vale para todos, inclusive para os descrentes. O contrário é igualmente válido. De nada adianta dizer-se cristão e não respeitar os preceitos divinos. A consequência será uma existência na qual tudo que se conquista se torna fruto apenas do esforço próprio, em detrimento à presença de Deus, que a tudo potencializa. Com Ele, a vida é semelhante ao caminhar pelas esteiras automáticas dos grandes aeroportos: cada passo faz chegar mais rápido e com menor esforço ao destino desejado.

Importante: os atos de caridade são pessoais e intransferíveis. Isso quer dizer que trabalhar numa empresa que possui ou apoia projetos sociais não retira sua responsabilidade de também contribuir pessoalmente; mesmo você sendo o dono da empresa. Aqui a regra é que CPF e CNPJ não se misturam.

Do ponto de vista dos negócios, a cultura de doação apresenta vários benefícios estratégicos à imagem perante a sociedade. A primeira vantagem está no fato de que consumidores gostam de comprar de empresas engajadas e olham positivamente para aquelas que doam para organizações sociais. Vale destacar que, cada vez mais, o bom relacionamento com as comunidades onde essas empresas estão inseridas as auxilia a fortalecer sua reputação.

É impossível falar a respeito de generosidade sem citar o vício da avareza, um dos sete pecados capitais. A virtude da generosidade pode ser o melhor tratamento para esse comportamento, uma vez que mostra ao ser humano como sair de si mesmo e olhar para o outro. Existe uma diferença enorme entre um avarento e uma pessoa econômica: o primeiro acumula porque faz do dinheiro um bem em si, e sofre ao pensar em perdê-lo. O segundo é equilibrado em suas finanças e se organiza para viver bem e usufruir dos recursos conquistados ao longa da vida. Ser generoso não transforma ninguém em esbanjador, e sim ajuda a manter o dinheiro na função de instrumento e não de fim em si mesmo.

Entre no exercício da generosidade, pois o universo do generoso se expande.

PREPARE-SE PARA O AMANHÃ

*Não te felicites pelo dia de amanhã,
pois não sabes o que o hoje vai gerar.*

(PROVÉRBIOS 27:1)

O provérbio deste capítulo traz um alerta muito contundente acerca da importância de estarmos preparados para cenários desfavoráveis no futuro. Não se trata de ser pessimista, mas cauteloso, porque mesmo que esteja fazendo o seu melhor, muitas variáveis da vida não dependem de você. Elas se impõem, e você precisará enfrentá-las.

Orgulhar-se de si mesmo e comemorar as conquistas alcançadas é legal e salutar para o bom ânimo, mas se limite ao já concretizado. Alardear as coisas boas que você acredita que alcançará é um perigo. Primeiro, porque nem sempre as pessoas ao redor torcem verdadeiramente por seu triunfo e sucesso. Segundo, porque imprevistos acontecem e, de repente, todo o cenário pode mudar.

Rotineiramente, as empresas se obrigam a rever os seus planejamentos e a refazer as suas estratégias sempre que necessário. Isso faz parte do dia a dia dos negócios, pois algumas variantes são por vezes imprevisíveis, tais como a ampliação da concorrência, a demanda por novos produtos e serviços ou a falta de matéria-prima.

A recomendação é não festejar algo que ainda não aconteceu. Como no dito popular, não se deve contar com o ovo dentro da galinha. Mesmo os maiores profissionais do mercado podem ser surpreendidos por contextos de enormes prejuízos, mesmo quando tudo parecia caminhar bem.

Existe algo chamado Teoria das Probabilidades, desenvolvida pelo matemático francês Pierre Simon Laplace, que afirma que um acontecimento é resultado de vários eventos distintos. Ou seja, nem tudo depende de nosso próprio esforço, somos apenas uma das peças da engrenagem. Resta-nos, portanto, fazer o melhor possível com aquilo que temos e confiar em Deus para o restante. Por isso, a importância de apresentar ao Criador os nossos sonhos e projetos, pois, como disse o apóstolo Paulo de Tarso: "De forma que nem o que planta nem o que rega são de alguma importância, mas unicamente Deus, que realiza o crescimento" (1 Coríntios 3:7).

Do provérbio deste capítulo podemos, ainda, extrair o ensinamento de estarmos sempre razoavelmente preparados para viver sob as mais diversas circunstâncias. Às vezes, nos iludimos e acreditamos que determinada condição favorável não poderá ser abalada nem mesmo por um terremoto ou por pandemias e guerras. Quem poderia prever, por exemplo, a pandemia de covid-19 no ano de 2020, um novo vírus capaz de ceifar tantas vidas e de provocar tamanho desarranjo na economia mundial? Infelizmente isso aconteceu e muitos empresários, pequenos e grandes, enfrentaram prejuízos financeiros, sem falar na queda do PIB em diversos países. Não apenas acontecimentos externos, mas também o acumulado de escolhas equivocadas que fazemos em nossa vida pessoal ou profissional pode pôr tudo a perder.

Vale registrar que a falta de controle sobre o porvir e a incerteza do amanhã não são motivos para uma vida desregrada e sem objetivos, tampouco para o descumprimento dos deveres inerentes a todos os seres humanos, tais como o amor ao próximo, que se desdobra em ética, cuidado entre outros... O melhor caminho é utilizar adequadamente os bens e os talentos recebidos e cuidar do presente, sem perder de vista o futuro.

No universo dos negócios existe um termo para nomear as causas elaboradas com o objetivo de fazer previsões na economia, emprego e inflação: os Indicadores Antecedentes, que como o próprio nome indica, servem para antecipar tendências. Nos Estados Unidos, o Departamento de Comércio divulga esses indicadores desde a década de 1960. O mesmo acontece no Brasil e na maioria dos países. Mas, ainda que seja possível tentar fazer previsões nas mais distintas áreas, o que prevalece é a ausência de certezas. Por isso, trabalhe com afinco, mantenha seus planos e projetos apenas com as pessoas que realmente precisam saber deles e esteja preparado para obstáculos que possam surgir pelo caminho.

NÃO SE ALEGRE COM A DESGRAÇA ALHEIA

Não fique contente quando o seu inimigo cair na desgraça.

(PROVÉRBIOS 24:17)

Embora nos últimos séculos a sociedade esteja sendo fortemente influenciada pelo conhecimento científico, a cada dia crescem novas descobertas que confirmam as verdades ensinadas em muitas religiões, em particular as orientais. Algo nesse sentido é o entendimento de que todos nós, de alguma maneira, estamos conectados. Por isso, a injustiça e a tragédia cometidas contra qualquer pessoa no planeta, em maior ou menor grau, afetam a humanidade em geral. Essa é uma boa razão para não nos alegrar quando o mal alcança uma pessoa, mesmo que ela seja um desafeto dos negócios ou da vida social.

É verdade que temos atração pelas tragédias e a curiosidade faz parte de nossa natureza. Ao longo da história, gladiadores lutando até a morte e enforcamentos públicos atraiam multidões. O famoso Coliseu, também conhecido como Anfiteatro Flaviano, localizado no centro da cidade de Roma, foi palco de lutas sangrentas, com a presença de cinquenta mil ou mais pessoas. De fato, mesmo os espíritos mais altruístas, em algum momento, provavelmente já se deixaram levar pela emoção de ver o outro em situação difícil. Algumas vezes, sentimos alívio por não estarmos no lugar de quem sofre, como um lembrete a respeito do mal do qual nos livramos. Demonstrar deleite com o infortúnio alheio costuma ser comum nas redes sociais e em programas do tipo reality show, contextos que muitas vezes provocam discursos de ódio e comentários maldosos e violentos. Sentir prazer na desgraça do outro de forma recorrente, no entanto, sem nenhuma manifestação de empatia e com sinais de perversidade, é ainda mais danoso e pode ser sinal de doença mental.

É muito comum enxergarmos a desgraça alheia pelo critério da justiça ou da injustiça, isto é, se o sofrimento foi ou não merecido por alguém. Contudo, nisso há um severo problema, pois não temos condições de julgar os nossos semelhantes. Essa é uma função exclusiva de Deus, o único a conhecer os corações, pensamentos, motivações e desejos de cada ser humano. Então, quem se alegra com a falta de sorte do outro, acreditando ter sido ela merecida, se coloca no lugar de Deus como juiz. Por outro lado, caso tenha ficado satisfeito com a tragédia, mesmo acreditando ser injusta, ainda pior é a sua situação, porque se revela dono de um coração cruel. Já quem se jubila com a pimenta nos olhos do outro, sem ponderar ser justo ou injusto, age como um tolo. Devemos recordar que independentemente de o sofrimento ser ou não devido, aquele que cai em desgraça é uma pessoa criada à imagem e semelhança de Deus. Ele, como Pai amoroso, sofre ao ver um filho desviado de seus caminhos padecer em razão das consequências de seus atos, por isso não importa o prisma pelo qual se analisa o provérbio, alegrar-se com o mal recaído sobre quem quer que seja demonstra caráter ruim, que necessita de transformação.

No mundo dos negócios, torcer contra a concorrência, por exemplo, revela pouca visão estratégica. A concorrência pode ter a função de espelho, refletindo a qualidade de um produto ou serviço, impulsionando você a aumentar sua busca pela excelência. Isso tem que ser visto como bom, pois quanto melhor o produto, maiores as vendas e assim eleva-se todo o padrão do mercado.

Muitos empresários se tornaram ainda melhores e saíram de suas zonas de conforto por causa de um concorrente de sucesso; enquanto outros se acomodaram e viram seus empreendimentos naufragarem por não aprenderem as lições, e apenas torceram contra. Para o bom profissional, a concorrência funciona como motivação, incentivando a busca por aprimoramento e pela renovação das próprias habilidades. Evidentemente, no papel de consumidor, todos saem ganhando, porque quando as empresas e as companhias prosperam, é possível adquirir melhores produtos, serviços, preços e mais empregos diretos e indiretos.

A fim de encerrar este capítulo com uma reflexão sobre o que pode acontecer com quem se diverte com a desgraça alheia, deixo aqui a famosa fábula de Esopo, *O gavião e a sabiá*. Conta o autor que uma sabiá saiu para buscar comida para seus filhotes e, quando voltou, encontrou um gavião, prestes a devorar sua ninhada. Desesperada com a presença da ave, a pássara não fugiu, porque era mãe e precisava proteger seus filhotes. "Por favor, não mate a minha ninhada, eu faço qualquer coisa", disse a sabiá. "Não mato os seus filhos com a condição de que você cante algo que me divirta", respondeu o gavião. Então, a sabiá começou a cantar a mais linda de todas as melodias. Um canto tão bonito, mas oriundo de enorme aflição. "Essa música não presta! Não presta de jeito nenhum. Nunca ouvi algo tão grotesco, não sei como você tem coragem de cantar desse jeito, ainda mais com os seus filhotes em risco", retrucou cruelmente o gavião, divertindo-se com o desespero da mãe-pássaro. No exato momento em que o gavião abriu a boca para comer os filhotes, um caçador, atraído pelo canto da sabiá, o matou. Moral da história: sempre há um castigo para aquele que zomba da desgraça do outro.

REFLITA SOBRE SEUS CAMINHOS

Escute, meu filho. Seja sábio e pense seriamente na sua maneira de viver.

(PROVÉRBIOS 23:19)

A vida profissional pode exigir de quem está à frente dos negócios um ritmo verdadeiramente frenético, alucinante. Reuniões, tarefas, viagens, cursos, apresentações e negociações. No fim da semana, tudo que se deseja são horas de folga para se desligar de tudo e todos. Pode ser que, apesar de ter o sonho de empreender, você ainda precise trabalhar como funcionário, e suas atividades sejam tão maçantes e sem sentido que seu único anseio seja apenas o de se desligar completamente para, então, desfrutar de merecido descanso. Muita gente diz desejar não pensar em nada sério e deixar a vida levar, entregando o controle de si mesmo ao acaso. Essa é a vida de muitas pessoas, que simplesmente ligam o piloto automático por meses, anos e até décadas.

Quem vive dessa forma descobre o abandono de seus anseios mais genuínos. Eles foram engolidos por um ciclo vicioso de esgotamento, com descanso insuficiente para recuperar a lucidez necessária para segurar o leme do próprio destino. Muitos ainda se veem atingidos pela síndrome de burnout, ou esgotamento profissional, decorrido do estresse prolongado no trabalho. O termo em inglês significa estar chamuscado, queimado, como um fogo que se alastra em mato seco. A Organização Mundial da Saúde (OMS) oficializou a síndrome de burnout como "estresse crônico de trabalho que não foi administrado com sucesso".

    O provérbio em epígrafe é um convite para uma sincera e profunda avalição acerca da vida. Pode ser que estejamos dirigindo, ou sendo conduzidos, a um lugar diferente daquele em que queremos estar no futuro. Pode ser que a sua função dentro de uma empresa seja até importante para a sociedade, para a sua família e para o seu status social, mas que ainda assim não traga verdadeira alegria e realização ao seu coração. Que seja um sonho imposto ou absorvido de outros quando, na realidade, o que você gostaria é de algo bastante diferente. Não significa ser um caminho melhor ou pior; nem com mais ou com menos dinheiro, ou com mais ou menos sucesso, mas somente alinhado ao real propósito que você acredita ter para sua vida. Uma vida com sentido! Afinal, como o filósofo grego Plutarco disse: "É preciso viver, não apenas existir".

    Eu não estou dizendo para você deixar tudo para trás agora mesmo e viver em uma caverna, embora exista quem assim o tenha feito e se encontre, aparentemente, muito feliz. É o caso do empresário australiano Angelo Mastropietro; depois de passar por um drama pessoal, decidiu largar tudo e mudar drasticamente sua vida em busca de mais tranquilidade. Mastropietro era diretor de uma empresa conceituada, mas foi diagnosticado com esclerose múltipla, uma doença do sistema nervoso central. A doença fez com que ele ficasse alguns dias paralisado, sem poder realizar suas atividades. Durante o período em que precisou repousar, o então executivo teve tempo para refletir sobre seu estilo de vida atual. Foi aí que ele tomou a decisão de comprar uma caverna em Worcestershire, no Reino Unido, reformá-la e transformá-la em uma casa, para onde se mudou com a família. Assim como a maioria dos executivos, ele tinha ambições a respeito de sua carreira no mundo corporativo, mas não se sentia feliz. Mastropietro criou uma página numa rede social chamada The Rockhouse Retreat (Retiro da Casa de Pedras). Lá publica os estágios da reforma de sua caverna e de sua mudança de vida.

É ingenuidade acreditar que basta levantar da cadeira e começar a fazer tudo diferente para mudar de vida. Não funciona dessa maneira. Do mesmo modo que levou tempo para alcançar o estágio atual, trocar a posição dos trilhos também demanda bastante trabalho e energia, talvez até mais do que foi necessário lá atrás. O caminho de retorno, muitas vezes, exige paradas para a reparação dos danos provocados. O mais importante é traçar planos, ainda que não tão bem detalhados, pois o trajeto tende a clarear conforme nos movemos. Uma coisa, no entanto, é possível afirmar: o simples fato de decidir pela mudança, por restabelecer o contato consigo mesmo, ressuscitando um velho sonho abandonado e dar alguns pequenos passos nesse novo sentido, serão atitudes suficientes para fazer brotar o ímpeto interior que irá robustecer a jornada. Isso se chama esperança! Ela tem o incrível poder de fazer você enxergar oportunidades que, antes, pareciam inexistentes.

Uma coisa que peço a você, leitor ou leitora: não espere o esgotamento mental, tampouco passar por um drama pessoal, para então realinhar sua vida aos seus sonhos. Faça isso imediatamente. Se necessário for, retire-se, busque um lugar onde possa se conectar com você mesmo. Se não tem condições financeiras de ir para um maravilhoso hotel nas montanhas, vá para seu quarto. Em última hipótese, tranque-se no banheiro e fique um tempo lá. Pense na vida que gostaria estar vivendo dentro de quinze anos, por exemplo. Verifique o que seria necessário para ela acontecer de fato. É preciso algum diploma universitário? Faça-o. Necessita experiência? Comece a praticar nas madrugadas e nos finais de semana. Ainda que inicialmente você invista apenas um pouquinho da sua energia nesse novo – ou antigo – projeto, isso acenderá em você a chama da esperança e te dará forças para suportar uma rotina monótona. Não desista. Quando começar a notar avanços, você dará um jeito de se dedicar cada vez mais e então viverá seus sonhos antes do que imagina.

Não importa o quanto você se encontre distante de seu objetivo, sempre vale a pena sair do piloto automático, avaliar o que pode ser mudado a curto, médio e longo prazos, quais medidas precisam ser adotadas e percorrer o caminho com fé. Ao final da vida, ninguém se arrepende de ter se dedicado a viver os próprios sonhos. Ainda que desafiador, esforçar-se nesse caminho certamente será mais prazeroso do que permanecer refém da insatisfação e do conformismo. Grandes voos o aguardam!

BUSQUE A HERANÇA CERTA

O escravo sábio mandará no filho que envergonhou o pai e também receberá uma parte da herança.

(PROVÉRBIOS 17:2)

Já perdi as contas de quantas vezes desejei ter tido a bênção de conviver com certos personagens que marcaram a história, não apenas no mundo dos negócios, mas em diversos segmentos. Talvez por isso eu tenho apreço por biografias e livros em que os autores revelam parte de suas trajetórias, de suas vitórias, seus fracassos, seus medos, seus sonhos.

As pessoas que têm o privilégio de conviver com grandes homens e mulheres podem realizar grandes feitos, talvez até superiores aos deles, desde que, além de algumas qualidades pessoais, consigam identificar, extrair, entender, assimilar e colocar em prática o que os fizeram conquistar o lugar de destaque.

Para quem gosta de escrever livros, imagine o que poderia aprender tendo convivido por alguns anos com C. S. Lewis, Dale Carnegie ou Napoleon Hill. Se sua paixão é a inovação, pense se tivesse a oportunidade de ter trabalhado com Steve Jobs, Nikola Tesla ou Thomas Edison. Se é empreender, que tal seria passar alguns bons anos com Flávio Augusto, Andrew Carnegie ou algum novo bilionário chinês. A ideia não é saber como vivem, mas como pensam, no que acreditam e quais hábitos os levaram até ali.

Felizmente, hoje algumas dessas mentes privilegiadas fazem mentoria. Para os que possuem condições financeiras, pode ser uma grande experiência. Falo por mim, nesse caso. Sonho em um dia escrever um livro que ajude a vida de milhões de pessoas. Isso está na minha missão de vida e costumo escrever num caderno para reforçar em minha mente. Porém, não conseguia enxergar como um dia alcançar isso. Candidatei-me ao processo de mentoria com o Anderson Cavalcante, proprietário da Buzz Editora e autor que já vendeu milhões de livros. Teve um custo de um carro novo, mas não tive qualquer dúvida quanto a isso. Numa das sessões iniciais, quase desisti, por conta de um choque de realidade, contudo, persisti. Então, após algumas orientações praticamente cirúrgicas, hoje tenho convicção de que, pelo menos, tenho chance de alcançar esse projeto de vida. Se vou conseguir, depende de meu esforço, dedicação, persistência e outras coisas mais.

O problema de conviver com grandes personalidades é que, por conhecê-las de perto, acabamos tendo contato com seus defeitos, manias e fraquezas, deixando de valorizar e aprender com aquilo que elas têm de melhor, desperdiçando uma grande oportunidade. Principalmente se for da família, o contato será ainda mais íntimo e provavelmente as falhas ficarão ainda maiores, então tem que haver grande sabedoria para separar as imperfeições das qualidades. No início de minha vida profissional, trabalhei com um empreendedor que tinha graves defeitos no que diz respeito a organização pessoal e do negócio. Apesar disso, ele era um talentoso cativador de pessoas, tanto de clientes como de colaboradores. E ainda tinha a incrível habilidade de enxergar oportunidades de novos nichos de mercado. Muitos trabalharam com ele, mas, modéstia à parte, eu me considero seu maior aprendiz no que diz respeito à arte de conquistar clientes e de enxergar oportunidades. Quase todos os outros apenas insistiam em criticar suas falhas na administração do negócio e, por isso, perderam a oportunidade de aprender naquilo que o empreendedor era mestre e tinha alegria em compartilhar.

O que poderia representar uma excelente vantagem competitiva na vida, ou seja, receber um patrimônio sólido ainda no berço ou na tenra juventude, algumas vezes pode acabar desperdiçado e transformado em pó. Inúmeros são os casos de heranças perdidas em um curto espaço de tempo. Evidentemente, existem, também, diversos exemplos de sucesso na área de sucessão familiar. Quero chamar atenção para a herança que realmente tem valor e merece ser buscada, que não é a financeira. O dinheiro, segundo a sabedoria judaica, funciona como uma esfera que rola de um lugar para o outro, passa de uma mão para a outra, de uma família para a outra; portanto, não é esse o legado mais importante que um pai pode deixar para o filho. A verdadeira herança é a do conhecimento, do caráter, da maneira de pensar e de agir. A da visão de mundo, ou seja, os aspectos que podem, efetivamente, fazer uma pessoa sair de uma condição menos vantajosa para posições altamente relevantes.

EPÍLOGO

O apóstolo Paulo, na Carta aos Romanos, nos orienta a não nos amoldarmos ao sistema deste mundo, mas a sermos transformados pela renovação de nossa mente, pois é desse modo que experimentaremos a boa, a perfeita e a agradável vontade de Deus para nossa vida.

Ao chegar ao final deste livro (que para mim é um complemento a outros dois que escrevi, *Deus deseja sua prosperidade* e *Tsedacá – O propósito da prosperidade*), acredito que essa mudança de mente, essa metanoia, já tenha começado. Uma atuação profissional não pautada em valores equivocados, como, por exemplo, o ganho a qualquer custo, mas, bem pelo contrário, fundamentada e direcionada por princípios eternos. É agindo dessa forma que experimentaremos o melhor de Deus para nossa vida e que impactaremos positivamente a vida de todos aqueles com quem nos relacionamos, seja como empregadores, seja como parceiros de negócios, prestadores de serviços ou fornecedores de produtos. É apenas assim que seremos relevantes para a comunidade da qual participamos e para a sociedade como um todo.

Façamos parte deste movimento, dos que buscam prosperar fazendo o bem, dos que sonham e se esforçam para deixar um legado benéfico para as próximas gerações. Sejamos, nós, sal e luz no meio em que vivemos, para que, quando chegarmos ao outro plano de existência e nos perguntarem como "agimos nos negócios", possamos mostrar o bom fruto de nossos empreendimentos.

AGRADECIMENTOS

São muitas as pessoas que merecem meu agradecimento por esta obra, pelas lições nela contidas, especialmente aqueles que fazem e fizeram parte de meu convívio ao longo dos anos, pois serviram de inspiração e reflexão, além, claro, de todos os que diretamente me incentivaram e inspiraram.

Agradeço a minha esposa, Raquel Casal Arantes Ortiz Lima, por me proporcionar um ambiente familiar de amor e companheirismo, com nossos três filhos, Enzo, Giovanah e Vitório, pois esse porto seguro propiciou condições emocionais para escrever este livro.

Ao Gladiston Riekstins de Amorim, carinhosamente chamado de Dinho, por ter pacientemente me discipulado no entendimento da Palavra de Deus e me despertado para a importância de conhecer e viver os propósitos eternos em minha vida.

Paulo de Tarso Azevedo Pegolo, meu sócio há cerca de duas décadas na Lima & Pegolo Advogados Associados e em outros empreendimentos, com o qual divido as lutas cotidianas para o desenvolvimento e a manutenção de um negócio sólido, organizado e que entrega alta qualidade aos clientes.

Ao meu pai, Cícero Alves de Lima, com quem aprendi a gostar da leitura. Muitas das memórias que tenho de meu pai durante minha infância estão relacionadas a livros.

Ao Anderson Cavalcante, CEO da Buzz Editora, por ter aceitado publicar este livro, fruto de uma mentoria em que ele me chacoalhou como escritor, fazendo-me ser mais humano e aberto em meus textos.

À equipe da Buzz, por ter cuidado com tanto carinho deste projeto.

FONTES GT Alpina, GT Flexa
PAPEL Alta Alvura 90 g/m²
IMPRESSÃO Imprensa da Fé